# KOLAY MEYVE SALATASI YEMEK KİTABI

100'den fazla renkli ve canlı yemekle taze bir rehber

Nariman Ceylan

## © COPYRIGHT 2022 TÜM HAKLARI SAKLIDIR

Bu belge, ele alınan konu ve konuyla ilgili kesin ve güvenilir bilgi sağlamaya yöneliktir. Yayın, yayıncının muhasebe, resmi olarak izin verilen veya başka bir şekilde nitelikli hizmetler vermesi gerekmediği fikriyle satılmaktadır. Yasal veya profesyonel tavsiye gerekiyorsa, meslekte deneyimli bir kişi sipariş edilmelidir.

Bu belgenin herhangi bir bölümünün elektronik veya basılı formatta çoğaltılması, çoğaltılması veya iletilmesi hiçbir şekilde yasal değildir. Bu yayının kaydedilmesi kesinlikle yasaktır ve yayıncıdan yazılı izin alınmadıkça bu belgenin herhangi bir şekilde saklanmasına izin verilmez. Tüm hakları Saklıdır.

**Uyarı Sorumluluk Reddi,** Bu kitaptaki bilgiler, bilgimiz dahilinde doğru ve eksiksizdir. Tüm tavsiyeler, yazar veya hikaye yayıncısı adına garanti verilmeden yapılır. Yazar ve yayıncı,
bu bilgilerin kullanımı ile bağlantı

## İçindekiler

GİRİŞ ................................................................. 6

MEYVE SALATASI TARİFLERİ ............................ 7

1. Kuskus Tavuk Meyve Salatası ...................... 8

2. Ilık meyve salatası ....................................... 9

3. Meyve Salatası ........................................... 10

4. Yeşil Kuşkonmaz Meyve Salatası ............... 11

5. Hindistan Cevizi Kremalı Meyve Salatası ... 12

6. Meyve Salatası Simone ............................. 13

7. Ballı Meyve Salatası .................................. 15

8. Meyve Salatası Üzerine Çilekli Pilav ......... 17

9. Avokado ve yoğurtlu meyve salatası ......... 18

10. Çilek, kavun ve meyve salatası ................ 19

mozarella .................................................... 19

11. Dondurmalı bir bardakta meyve salatası ve ... 20

kurabiye Çerezler ....................................... 20

12. Kavun, yaban mersini ve meyve salatası ... 22

koyun peyniri ............................................. 22

13. Avokado, ahududu ve meyve salatası ...... 24

14. Çilekli ızgara meyve salatası, .................. 25

ananas, incir ve greyfurt ............................ 25

15. Bir atış ile pişmiş meyve salatası ...................... 27
16. Tropikal piña colada meyve salatası .................. 28
17. Fırında meyve salatası ........................................ 30
18. Hindiba meyve salatası ....................................... 32
19. Kivi salatası ......................................................... 33
20. meyveli şehriye salatası ..................................... 35
21. Ananas ve yoğurtlu altın kivi salatası ................ 37
22. Meyveli dondurma ............................................. 38
23. Flambeed mandalina pomelo salatası ............... 41
24. Kurabiye hamurundan kase ............................... 42
25. Tatlı kestane kroketleri ....................................... 44
26. Vanilya kremalı ve cevherli meyve salatası ....... 47
27. Alkollü meyve salatası ....................................... 48
28. Tarçınlı meyve salatası ...................................... 49
29. meyve salatası ................................................... 51
30. Egzotik meyve salatası ...................................... 52
31. Vanilyalı dondurmalı meyve salatası ................. 53
32. Tekme ile meyve salatası .................................. 54
33. Romlu kuru üzümlü meyve salatası .................. 55
34. Yoğurt şapkalı meyve salatası .......................... 57
35. Yoğurtlu meyve salatası .................................... 59
36. Camembertli meyve salatası ............................. 60
37. Ayçiçeği çekirdekli meyve salatası ................... 61

38. Yoğurt soslu meyve salatası ............................................. 62

39. Vanilyalı yoğurt soslu meyve salatası ...................... 64

40. Hızlı meyve salatası ............................................................ 65

41. Tekme ile tropikal meyve ve meyve salatası ............... 66

42. Renkli meyve salatası ....................................................... 68

43. Meyve salatası ile lor yoğurt kreması ........................ 70

44. Şekersiz meyve salatası .................................................. 71

45. Basit meyve salatası ........................................................ 72

46. Vegan meyve salatası ...................................................... 74

47. Sarı meyve salatası .......................................................... 75

48. Kavun meyve salatası ...................................................... 77

49. Kivi meyve salatası ........................................................... 79

50. Erik ve ananas meyve salatası ..................................... 80

51. Narlı meyve salatası ......................................................... 81

52. Fındıklı meyve salatası .................................................... 83

53. Taze meyve kokteyli ......................................................... 84

54. Naneli meyve salatası ..................................................... 85

55. Karidesli Karpuz ve Armut Salatası ............................. 86

56. Buzlu portakal ve kivi salatası ...................................... 88

57. Vişne kompostosu ........................................................... 89

58. Bir atış ile ananas ............................................................ 90

59. Mürver sirkesi ............................................................... 92
60. Renkli meyve salatası ile soya pudingi ....................... 93
61. Karpuzlu meyve salatası ............................................. 94
62. Armut ve erik salatası ................................................. 95
63. Fıstık soslu meyve salatası ......................................... 97
64. Ezilmiş buzlu hindistan cevizi meyve salatası............ 99
65. Fasulye soslu dondurma ve meyve salatası .............. 100
66. Peynirli meyve salatası ...............................................101
67. Meyve soslu meyve salatası ..................................... 103
68. Soğuk gratenli pişmiş meyve salatası ....................... 104
69. Çıtır kinoalı meyve salatası ....................................... 106
70. Chachacha şurubu ile meyve salatası ...................... 108
71. Likör soslu meyve salatası ........................................ 109
72. Akdeniz meyve salatası .............................................111
73. Meyve salatalı karabuğday waffle .............................112
74. Egzotik meyve salatası ile müsli................................114
75. Cam erişteli Asya meyve salatası ..............................115
76. Baharatlı meyve salatası ............................................117
77. Lychees ve ananaslı kavun.........................................118
78. Yumurta ve meyve salatası ....................................... 120
79. Armut ve üzüm salatası ............................................. 122
80. Çanlı meyve salatası .................................................. 123
81. Tatlı ve ekşi sos......................................................... 125

82. Yumurta likörü kreması ..................................................126

83. Portakallı mavi üzüm parfe ve ............................127

üzüm Salatası .......................................................................127

84. Cevizli peynirli terrine ............................................129

85. Broker salatası ............................................................131

86. Fransız pansuman ........................................................132

87. Meyveli ringa salatası ...............................................134

88. Fasulye soslu dondurma ve meyve salatası ...............135

89. Meyve Salatası Üzerine Çilekli Pilav ........................137

90. Avokado ve yoğurtlu meyve salatası .......................138

91. basit meyve salatası ....................................................139

92. geleneksel meyve salatası .........................................140

93. kremalı meyve salatası ..............................................142

94. Yoğunlaştırılmış sütlü meyve salatası ....................143

95. Ekşi kremalı meyve salatası .....................................144

96. Eşleşen meyve salatası ..............................................145

97. Gurme meyve salatası ................................................146

98. Yoğurt soslu meyve salatası ....................................148

99. Vanilya yoğurt soslu meyve salatası ......................149

100. Hızlı meyve salatası ..................................................150

ÇÖZÜM ....................................................................................151

# GİRİİŞ

Meyve salataları son derece besleyicidir. Çeşitli meyveleri büyük bir kaseye atmak bu kadar basit olabilir. Bundan daha iyi olamaz. Bu salatayı bir çömlek yemeğine götürmek için hızlı bir yemek olarak veya akşam yemeği misafiri olduğunuzda yanınızda getirmeniz için bir hediye olarak kullandım. Herkesin yiyebileceği çok yönlü bir yemektir ve özellikle vejetaryenler için iyidir!

Salatalar genel olarak kişinin sağlığı üzerinde olumlu bir etkiye sahip olabilir. Bununla birlikte, bu ikramları diyetin düzenli bir parçası olarak dahil ederek, insanlar diyetlerinin sağlığının kalitesini önemli ölçüde iyileştirebilirler. Meyve salataları her türlü meyve ile yapılabilir ve daha sağlıklı bir yaşam tarzını teşvik etmek için lezzetli ve sağlıklı bir yol sağlar.

İnsanların bu tür salatalardan daha fazla yemesinin bir nedeni kilo vermektir. Ayrıca insanlar önerilen sayıda meyve tükettiğinde enerji kazanırlar. Bu ekstra enerji, bir kişiyi daha sık egzersiz yapmaya motive etmeye yardımcı olabilir. Meyve salataları egzersizle birleştirildiğinde vücuttaki sağlıksız yağ depolanmasını azaltabilir.

İnsanlar bu salataları diyetlerine dahil ederek kanlarındaki zararlı sodyum ve kolesterol seviyelerini düşürebilirler. Hem sodyum hem de kolesterol, uzun bir süre boyunca büyük miktarlarda tüketildiğinde sağlık riskleriyle ilişkilendirilmiştir. Bu nedenle, meyve salataları tüketmek, sodyum ve kolesterol seviyelerini kontrol etmenin bir yoludur.

Meyve salataları kalp sağlığını geliştirmenin mükemmel bir yoludur. Artan enerji, egzersiz ve düşük kolesterol, kalp hastalığı için önleyici tedbirlerdir. Meyve salataları ayrıca vücutta çeşitli kanser hücrelerinin gelişmesini önlemeye yardımcı olabilir. Kalp hastalığı ve kanser, bugün Amerikalıların karşı karşıya olduğu önde gelen sağlık sorunlarıdır ve meyve salataları yiyerek bunlardan kaçınılabilir.

# MEYVE SALATASI TARİFLERİ

1. Kuskus Tavuk Meyve Salatası

**4 porsiyon için malzemeler**

- 200 gr kuskus
- 1 ince doğranmış kırmızı soğan
- 250 gr tavuk göğsü
- 1 tereyağı

- 2 bal
- 0.5 çay kaşığı karışık kimyon
- 0,5 çay kaşığı kakule
- 150 ml yağsız yoğurt
- 100 gr iri kıyılmış fındık
- 1 doz şeftali parçaları
- 1 baz tuz hazırlama

1. Kuskusu paketin üzerindeki talimatlara göre hazırlayın. Tavuk göğsünü yıkayın, kurulayın, tuz ve karabiber serpin ve şeritler halinde kesin.
2. Yağı ısıtın ve içinde tavuk şeritleri olan soğanı kızartın. Şeftalileri süzün ve küçük küpler halinde kesin.
3. Yoğurt, baharatlar, bal, fındık ve kuskus, soğan ve tavuk şeritleri ile karıştırın.
   Son olarak şeftali parçalarını katlayın.

## 2. Ilık meyve salatası

**4 porsiyon için malzemeler**

- 10 adet kuru incir
- yemek kaşığı sultaniye
- 300 ml beyaz şarap
- 1 çay kaşığı tarçın
- 1 tutam limon suyu • 4 gr şeker

  4 elma**hazırlık**

1. Şarapla birlikte elmaları, incirleri ve çekirdeksiz kuru üzümleri bir tencereye koyun ve her şeyi suyla kaplayın.
2. Tarçın, limon ve şekeri ekleyip kısa bir süre her şeyi birlikte pişmeye bırakıyorsunuz. Ama elbette elmalar ısırmak için hala sağlam olmalı.
3. Her şeyi bir kaseye koyun ve tadını çıkarın.

## 3. Meyve Salatası

**4 porsiyon için malzemeler**

- 2 adet kivi
- 2 adet portakal
- 1 adet mango
- 1 adet zencefil (2 cm)
- 2 yemek kaşığı bal
- 5 yemek kaşığı Elma suyu hazırlanışı

1. Portakalı soyun ve fileto yapın, kivi ve mangoyu soyun ve küçük parçalar halinde kesin.
2. Zencefili soyun, küçük küpler halinde kesin ve balla bir tavada birkaç dakika kızartın. Elma suyuyla deglaze edin ve meyvelerin üzerine dökün. Kısaca demlenmesine izin verin.

## 4. Yeşil Kuşkonmaz Meyve Salatası

**2 porsiyon için malzemeler**

- 5 adet yeşil kuşkonmaz (ince çubuklar)
- 4 adet çilek
- 1 adet portakal
- 0.25 adet ananas
- 1 adet kivi
- 1 adet elma (küçük)
- 0,5 adet muz 1 adet limon
- 2 yemek kaşığı hafif zeytinyağı
- 1 adet lime (suyu + marine sosu için)
- 1 adet portakal (suyu + marine için kabuğu)
- 1 dal limon balsamı hazırlanışı

1. Yeşil kuşkonmazı yıkayın, uzunlamasına ikiye ve çapraz olarak yakl. 2 cm. Çilekleri yıkayın,

sapı çıkarın ve dilimler halinde kesin. Kiviyi soyun, dörde bölün ve dilimleyin.

2. Ananası soyun ve dörde bölün, sapı çıkarın, dörtte birini küçük küpler halinde kesin, gerisini başka amaçlar için kullanın.

3. Portakalı soyun ve fileto haline getirin, sızan suyu toplayın ve sos için kullanın. Limonu sıkın. Elmayı yıkayın, ikiye bölün, çekirdeği çıkarın, dilimler halinde kesin ve hemen üzerine sıkılmış limon suyunun yarısını gezdirin (kararmasın diye).

4. Muzu soyun ve dilimler halinde kesin, kalan limon suyunu da gezdirin.

5. Misket limonu ve portakal suyunu, kabuğunu (iki meyvenin her biri) ve zeytinyağını karıştırın.

6. Hazırlanan meyveleri kuşkonmazla birlikte bir kaseye koyun ve sosu dikkatlice katlayın.
Limon otu yapraklarıyla süsleyin.

## 5. Hindistan Cevizi Kremalı Meyve Salatası

**4 porsiyon için malzemeler**

- 1 adet şekerli kavun
- 2 adet muz
- 3 adet kivi
- 1 adet ananas
- 250 ml krem şanti
- 2 yemek kaşığı toz şeker
- 100 ml hindistan cevizi sütü hazırlanışı

1. Muz, şekerli kavun, kivi ve ananas soyulur ve şekerli kavun da çekirdekleri çıkarılır.
   Daha sonra meyveler küçük küpler halinde kesilir.

2. Çırpılmış krema bir mikser ile sertleşene kadar, şeker ve hindistancevizi sütü yavaş yavaş karıştırılır.
3. Bu pürüzsüz bir krem oluşturur, ancak krem şanti çok uzun süre dövülmemelidir, en fazla 2 dakika.
4. Son olarak meyveler tatlı kaselerine dağıtılır ve üzeri hindistan cevizi kreması ile kaplanır.

## 6. Meyve Salatası Simone

**4 porsiyon için malzemeler**

- 1 adet ballı kavun

- 1 adet kivi
- 1 parça muz
- 5 adet yaban mersini
- 5 adet ahududu
- 3 adet çilek

*Marine için malzemeler*

- 1 parça limon (suyu)
- 1 yemek kaşığı şeker
- 1 tutam zencefil tozu hazırlanışı

1. Kavunları soyun ve çekirdeklerini çıkarın ve güzel kavun topları elde etmek için bir bilyalı kesici ile posayı kesin. Ardından kiviyi soyun ve parçalara ayırın.
2. Yaban mersini ve ahududuları yıkayıp süzün, çilekleri yıkayın, yeşillikleri çıkarın, ikiye bölün veya dilimler halinde kesin. Muzu soyup dilimleyin.
3. Tüm meyveleri bir kaseye koyun, şeker, limon suyu ve zencefil tozu ile karıştırın. 30 dakika bekletin, bardaklara bölün ve soğuk servis yapın.

## 7. Ballı Meyve Salatası

**6 porsiyon için malzemeler**

- 3 adet muz
- 250 gr çilek
- 100 gr mavi çekirdeksiz üzüm
- 100 gr beyaz çekirdeksiz üzüm
- 2 adet portakal
- 2 adet kivi
- 1 adet elma• 1 adet armut
- 1 adet limon
- 5 yemek kaşığı bal

**hazırlık**

1. Muzları, portakalları ve kivileri soyun, çilekleri yıkayın, yeşillikleri çıkarın ve meyveleri küçük parçalar halinde kesin.
2. Üzümleri yıkayın, ikiye bölün ve kalan meyvelere ekleyin. Elmaları ve armutları dilimler halinde kesin, çekirdeklerini çıkarın ve küçük küpler halinde kesin ve diğer meyvelerle karıştırın.
3. Limon suyu ve bal ile marine edin.

## 8. Meyve Salatası Üzerine Çilekli Pilav

**2 porsiyon için malzemeler**

- 500 gr taze meyve (arzuya göre)
- 0,5 su bardağı krem şanti
- 3 top Mövenpick çileği
- 5 damla limon suyu hazırlanışı

1. Meyveleri yıkayın, soyun ve dilimleyin, bir tabağa koyun ve limon suyuyla çiseleyin.
2. Çilekli dondurmayı meyve salatasının üzerine koyun.

3. Çırpılmış krema ve dondurma külahları ile süsleyin.

## 9. Avokado ve yoğurtlu meyve salatası

**içindekiler**

- 1 elma
- 1 avokado
- 1/2 mango
- 40 gr çilek
- 1/2 limon
- 1 yemek kaşığı bal
- 125 gr doğal yoğurt
- 2-3 yemek kaşığı badem dilimleri

**hazırlık**

1. Avokadolu ve yoğurtlu meyve salatası için öncelikle elmayı yıkayıp çekirdeklerini ve küplerini çıkarın. Ardından, avokado ve mangoyu çekirdekten çıkarın ve küpler halinde kesin. Çilekleri yıkayın ve ortadan ikiye kesin. Son olarak limonu keserek açın ve suyunu yarısından çıkarın.
2. Doğal yoğurt ve balı iyice karıştırın. Kesilmiş malzemeleri daha büyük bir kaseye dökün ve bal ve yoğurt karışımını ekleyin. Avokado ve yoğurtlu meyve salatası üzerine badem serpip servis yapın.

## 10. Çilek, kavun ve meyve salatası mozarella

**içindekiler**

- 1/2 ballı kavun
- 1/4 karpuz
- 250 gr çilek
- 2 paket mini mozzarella
- 1/2 demet nane
- 1/2 demet fesleğen
- 1 portakal
- bazı akçaağaç şurubu hazırlama

1. Çilekli, kavunlu ve mozzarellalı meyve salatası için önce kavunların kabuklarını ve çekirdeklerini çıkarın ve posayı küp küp doğrayın. Daha sonra çilekleri yıkayın,

yeşillikleri çıkarın ve çilekleri uzunlamasına ikiye bölün. Ardından nane ve fesleğeni ayıklayın. Naneyi ince ince kıyın. Mozzarella toplarını güzelce süzün.

2. Portakal suyunu sıkın ve biraz akçaağaç şurubu ile karıştırın.
3. Fesleğen hariç tüm malzemeleri geniş bir kapta karıştırın.
4. Meyve salatasını çilek, kavun ve mozzarella peyniri ile porsiyonlayın ve fesleğenle süsleyerek servis yapın.

11. Dondurmalı bir bardakta meyve salatası ve kurabiye Çerezler

**içindekiler**

- 200 gr ahududu
- 4 vanilyalı dondurma
- 2 tutku meyvesi
- 15 kurabiye bisküvi
- 1 çay kaşığı pudra şekeri
- 10 nane yaprağı hazırlanışı

1. Meyve salatası için kurabiyeleri buzlu bardağa iri parçalara ayırın ve 4 bardağa bölün. Ahududuları çarkıfelek meyvesi özü ve pudra şekeri ile karıştırın.
2. Kurabiyenin üzerine bir top vanilyalı dondurma koyun ve bardağa meyve salatasını ahududu ve biraz nane ile süsleyin.

## 12. Kavun, yaban mersini ve meyve salatası koyun peyniri

**içindekiler**

- 1/4 karpuz
- 1/4 ballı kavun
- 1/4 şekerli kavun
- 100 gr yaban mersini
- 5 kahve çekirdeği (öğütülmüş)
- 100 gr koyun peyniri (veya keçi peyniri)
- 10 nane yaprağı
- 1 yemek kaşığı bal

**hazırlık**

1. Kavun, yaban mersini ve koyun peynirli meyve salatası için kavunları soyun ve büyük küpler halinde kesin.
2. Yaban mersini ile karıştırın ve bir tabağa yayın.
3. Çekilmiş kahveyi kavunların üzerine yayın. Peyniri ince şeritler halinde dilimleyin ve kavun salatasının üzerine yerleştirin.
4. Meyve salatası üzerine biraz bal gezdirilir ve nane ile süslenir.

## 13. Avokado, ahududu ve meyve salatası

Fındık

**içindekiler**

- 2 avokado
- 150 ml krem şanti
- 1/4 limon (suyu)
- 50 gram şeker
- 200 gr ahududu
- 2 yemek kaşığı karışık kuruyemiş iz karışımı

- 2 limon
- 1 yemek kaşığı pudra şekeri

**hazırlık**

1. Avokadolu meyve salatası için avokado ve ahududuları soyun ve küçük küpler halinde kesin.
2. Limon suyu ve şekerle birlikte püre haline getirin. Çırpılmış kremayı sertleşene kadar çırpın ve avokadoları karıştırın.
3. Kireçleri soyun ve eti beyaz ayırma zarlarının arasından kesin. Yıkanmış ahududu ve pudra şekeri ile karıştırın.
4. Dört bardak arasında bölün ve iri kıyılmış iz karışımı serpin.
5. Avokado kremalı meyve salatası ve biraz ahududu garnitür.

## 14. Çilekli ızgara meyve salatası, ananas, incir ve greyfurt

**içindekiler**

- 2 incir
- 4 çilek
- 2 erik (sarı, bukleler)
- 1 mandalina
- 1 yakut greyfurt
- 1/4 ananas
- 1 çay kaşığı pudra şekeri
- 1 yemek kaşığı limon suyu
- 2 yemek kaşığı fıstık (doğranmış)

- 3 yemek kaşığı üzüm çekirdeği yağı

**hazırlık**

1. Izgara meyve salatası için önce sosunu hazırlayın. Ardından pudra şekeri, limon suyu, üzüm çekirdeği yağı ve antep fıstığını karıştırın.
2. Çilekleri ve incirleri ikiye bölün. Ananası ince dilimler halinde kesin ve kalan meyveleri büyük parçalar halinde kesin.
3. Tüm meyveleri biraz üzüm çekirdeği yağı ile fırçalayın.
4. Meyveleri güzel bir koyu renk alana kadar ızgara tavasında veya her tarafını ızgara yapın.
5. Sonra meyveleri bir tabağa koyun ve sosla gezdirin.
6. Izgara meyve salatasını henüz sıcakken servis edin.

## 15. Bir atış ile pişmiş meyve salatası

**içindekiler**

- 1 şeftali
- 1 elma
- 1/4 ananas
- 1 muz
- 20 gr üzüm
- 20 gr ahududu
- 1/2 portakal (suyu)
- 1/2 limon
- 1 vanilya çubuğu (pulpa)

- 4 yumurta
- 1 yemek kaşığı bal
- 2 yemek kaşığı rom
- 1 yemek kaşığı portakal likörü hazırlanışı

1. Bir shot ile graten meyve salatası için önce meyveyi hazırlayın. Bunu yapmak için şeftali ve elmayı yıkayın, taşı çıkarın ve küpler halinde kesin. Ardından ananası soyun, sapını ve küplerini çıkarın, muzun kabuğunu çıkarın ve dilimler halinde kesin. Ardından üzümleri ve ahududuları yıkayın, portakal ve limonu ikiye bölün ve sıkın. Son olarak vanilya çubuğunu uzunlamasına kesin ve posasını kazıyın.

2. Yumurta sarısını bal, vanilya özü, rom, portakal likörü ve portakal ve limon suyuyla karıştırın. Yumurta aklarını sert bir kar haline gelene kadar çırpın ve yumurta sarısı karışımına katlayın. Kesilmiş meyveleri küçük, yanmaz kalıplara doldurun, kar kütlesiyle kaplayın ve 180 derece (konveksiyon) fırında yaklaşık 10 dakika pişirin.

3. Süzülen meyve salatasını kısaca soğumaya bırakın ve servis yapın.

## 16. Tropikal piña colada meyve salatası

**içindekiler**

- 1/2 ananas
- 1 muz
- 1 elma
- 1/2 şekerli kavun (alternatif olarak tatlı özsu kavun)
- 50 ml hindistan cevizi sütü (kutudan)
- 30 ml ananas suyu
- 2-3 yemek kaşığı hindistan cevizi likörü
- 2-3 yemek kaşığı kurutulmuş hindistan cevizi
- 1 atış rom (beyaz)

İlk olarak, tropikal piña colada meyve salatası için tüm malzemeleri hazırlayın. Ananası soyun, sapı çıkarın ve küpler halinde kesin. Daha sonra muzu soyun ve dilimleyin, elmayı yıkayın, çekirdeğini çıkarın ve küp şeklinde doğrayın. Son olarak, kavunun çekirdeğini çıkarın, kabuğunu ve çekirdeklerini çıkarın ve ısırık büyüklüğünde parçalar halinde kesin.
2. Hindistan cevizi sütünü limon ve ananas suyu, hindistancevizi likörü, kurutulmuş hindistan cevizi ve bir tutam rom ile karıştırın.
3. Kesilmiş meyve parçalarını daha büyük bir kaba koyun, piña colada karışımını ekleyin ve iyice karıştırın. Tropikal piña colada meyve salatasını küçük kaselere bölün ve servis yapın.

**hazırlık**

1.
17. Fırında meyve salatası

**içindekiler**

- 1 şeftali
- 1/4 ananas
- 20 ahududu
- 1 mandalina
- 10 fizik
- 2 elma
- 1 çay kaşığı bal
- 1 vanilya çubuğu (pulpa)
- 4 yumurta akı
- 100 gr şeker

Pişmiş meyve salatası için yumurta aklarını şekerle kar kıvamına gelene kadar çırpın.

2. Meyveleri küçük küpler halinde kesin ve bal ve vanilya özü ile karıştırın. Dört tart formuna bölün ve yumurta aklarını üstüne yayın. 3. 120 °C'de yaklaşık 60 dakika pişirin.

4. Pişmiş meyve salatasını fırından çıkarın, biraz soğumasını bekleyin ve hemen servis yapın.

**hazırlık**

1.

## 18. Hindiba meyve salatası

**içindekiler**

- 500 gr hindiba
- 200 gr hindi göğsü (füme)
- 4 adet portakal
- 3 adet muz
- 150 gr brunch otları légère
- 150 gr yoğurt
- 2-3 yemek kaşığı limon suyu
- tuz
- Biber (beyaz)

- Şeker
- 40 gr ceviz

   Hindiba meyve salatası için hindibayı yıkayın, kurutun ve ikiye bölün. Yaprakların üst uçlarını kesin, sapı kama şeklinde kesin ve ince dilimler halinde kesin. Hindi göğsünü ince şeritler halinde kesin ve hindiba ile karıştırın.

2. 3 portakalı beyaz kabuğunu soyacak kadar soyun, meyve filetolarını kesin ve suyunu toplayarak hindibaya ekleyin. Daha sonra muzları soyup dilimleyin ve hindiba meyve salatası ile karıştırın.
3. Son portakalı sıkın. Brunch ve yoğurdu pürüzsüz olana kadar karıştırın, portakal ve limon suyuyla karıştırın. Tuz, karabiber ve şekerle tatlandırın.
4. Sosu hindiba meyve salatasının üzerine dökün. Cevizleri irice doğrayın ve üzerlerine serpin. Servis yapmadan önce yaklaşık 1 saat soğutun.

**hazırlık**

1.
## 19. Kivi salatası

**içindekiler**

- 4 adet kivi
- 500 gr üzüm (ikiye bölünmüş)
- 4 armut
- 8 yemek kaşığı bal
- 1 adet limon (suyu)
- biraz nane yaprağı hazırlama

1. Kivi salatası için kivileri soyun, ikiye bölün ve dilimler halinde kesin. Daha sonra üzümleri yıkayıp ortadan ikiye bölün ve çekirdeklerini çıkarın.

tohumlar. Son olarak armutları soyun, ikiye bölün, kabuğunu çıkarın ve dilimler halinde kesin.

2. Meyveleri yavaşça karıştırın.
3. Balın içine limon suyunu karıştırın ve meyve salatasının üzerine dökün. Birkaç nane yaprağı ile süsleyin.

## 20. meyveli şehriye salatası

**içindekiler**

- 250-300 gr makarna (örneğin düdük)
- 120 gr yaban mersini
- 150 gr üzüm (çekirdeksiz)
- 1 elma (ekşi)
- 1 nektarin (alternatif olarak şeftali)
- 1 muz
- 1 vanilya çubuğu (pulpa)
- 1/2 limon (suyu)
- 5-6 nane yaprağı (taze)
- 1 tutam tarçın (öğütülmüş)

- 1 yemek kaşığı bal hazırlanışı

1. Meyveli makarna salatası için önce büyük bir tencerede suyu kaynatın, tuz ekleyin ve içindeki makarnayı (örn. penne) al dente kıvamına gelene kadar pişirin.
2. Bu arada salata için kalan malzemeleri hazırlayın. Yaban mersini, üzüm, elma ve nektarin yıkayın ve kurulayın. Üzümleri ikiye bölün, nektarinleri ve elmayı çekirdekleyin ve küp küp doğrayın. Muzu soyup dilimleyin. Vanilya çubuğunu uzunlamasına kesin, posasını çıkarın, limonu ikiye bölün ve sıkın. Nane yapraklarını saplarından ayırıp ince ince kıyın.
3. Haşlanmış makarnayı süzün, durulayın ve biraz soğumaya bırakın. Daha sonra makarnayı meyve, vanilya özü, tarçın, limon suyu, nane ve bir yemek kaşığı bal ile daha büyük bir kapta karıştırın. Meyveli makarna salatası hemen servis edilebilir.

## 21. Ananas ve yoğurtlu altın kivi salatası

**içindekiler**

*Salata için:*

- 1 ananas (kabuğu soyulmuş, çubuklar halinde kesilmiş)
- 3 altın kivi (soyulmuş, kama şeklinde kesilmiş)
- 60 gr Brezilya fıstığı (kabaca doğranmış)

*Giyinme için:*

- 200 gr yoğurt (Yunanca)
- 3 yemek kaşığı zeytinyağı
- 1/2 limon (suyu ve kabuğu rendesi)
- Deniz tuzu

- Biber (değirmenden)
- Kekik (süs için) hazırlanışı

1. Ananas ve yoğurtlu altın kivi salatası için, sos için tüm malzemeleri iyice karıştırın ve tuz ve karabiber ile tatlandırın.
2. Salata için ananas parçalarını yağsız bir ızgara tavasında kızartın. Kivi dilimleri ile birlikte tabaklara paylaştırın.
3. Meyveleri sosla gezdirin ve altın kivi salatasını ananas ve yoğurt ile Brezilya fıstığı ve kekik ile süsleyin.

22. Meyveli dondurma

**içindekiler**

- 1 kivi
- 1 paket çilek
- 1 paket yaban mersini
- 1/2 mango
- mürver şurubu
- Su (kalıpların tadına ve boyutuna göre)

İlk olarak, meyveli dondurmalar için buzlu şeker şekilleri hazırlayın (gerekirse durulayın) ve elinizin altına kapakları veya ahşap buzlu şeker çubuklarını koyun.

2. Kiviyi soyun ve dilimler halinde kesin. Çilekleri yıkayıp temizleyin ve küçük küpler halinde kesin. Ardından yaban mersini yıkayın ve ayıklayın. Son olarak mangoyu soyun ve ince şeritler halinde kesin.

3. Meyveleri dondurma kalıplarına dağıtın. İyi doldurun. Mürver şurubunu damak zevkinize göre suyla seyreltin. Mürver suyunu kalıpların üzerine dökün. Bir kapak veya yemek çubukları yerleştirin.

4. Dondurucuda birkaç saat veya gece boyunca dondurun. Meyveli dondurma, kalıpları ılık suya daldırarak kalıptan en iyi şekilde ayrılır.

## hazırlık

1.
## 23. Flambeed mandalina pomelo salatası

### içindekiler

- 4-6 mandalina (çekirdeksiz, alternatif olarak yaklaşık 300-400 g satsuma veya clementines)
- 1 greyfurt (veya 2 pembe greyfurt)
- 1 muz
- 2 limon (püskürtülmemiş)
- 2-3 yemek kaşığı bal (ısıtılmış)
- Kuru üzüm (tatmak için grappa veya romla ıslatılmış)
- 4 yemek kaşığı ceviz
- 6 yemek kaşığı rom (yüksek yüzdeli veya konyak vs.)

flambe için)

Alevli mandalina pomelo salatası için, mandalinaları soyun, kama şeklinde gevşetin ve mümkün olduğunca kabuklarını veya en azından beyaz ipliklerini çıkarın. Pomeloyu da soyun, kamalara bölün ve bunlardan cildi soyun. (Çatlaklar dağılabilir.) Mandalina ve pomeloyu suyu sızacak şekilde bir kaba koyun. Kireçleri iyice yıkayın ve kabuğunu bir rende üzerinde doğrudan mandalinalara sürün. Yavaşça karıştırın.

2. Kireçleri sıkın. Şimdi muzu soyun, dilimler halinde kesin ve hemen üzerine biraz limon suyu serpin. Marine edilmiş mandalinalarla dekoratif bir şekilde tabaklara yerleştirin.

3. Kalan limon suyunu ısıtılmış balla karıştırın ve salatanın üzerine gezdirin. Cevizleri kabaca doğrayın ve yağsız bir tavada kısaca kızartın. Islatılmış kuru üzümlerle isteğe göre karıştırılıp salatanın üzerine serpilir. Üzerlerine alkol dökün ve ateşleyin. Alevli mandalina ve pomelo salatası, çıtır çıtır hamur işi, İtalyan cantucci veya ladyfinger ile iyi gider.

**hazırlık**

1.

## 24. Kurabiye hamurundan kase

**içindekiler**

- 500 gr un (miktarı kıvamına göre ayarlayın)
- 1 çay kaşığı kabartma tozu
- 1 çay kaşığı tuz
- 300 gr çikolata
- 250 gr tereyağı (yumuşak)
- 135 gr şeker (kahverengi)
- 190 gr toz şeker
- 1 paket vanilya şekeri
- 2 yumurta

İlk olarak, kurabiye hamuru kasesi için fırını 190 °C'ye ısıtın.

2. Un, kabartma tozu ve tuzu karıştırın ve bir kenara koyun. Çikolatayı doğrayın.
3. Tereyağı, iki çeşit şeker ve vanilya şekerini krema kıvamına gelene kadar çırpın. Yumurtaları teker teker ekleyin ve her seferinde iyice katlayın. Un karışımını ve çikolata parçalarını, yuvarlanabilecek bir kıvama gelinceye kadar dönüşümlü olarak porsiyonlar halinde karıştırın. Hamur, daha sonra kolayca şekillendirilemeyecek kadar ufalanmamalıdır. Yoğurun, streç filme sarın ve yarım saat buzdolabında bekletin.
4. Bu sırada muffin kalıbınızın tabanını tereyağ ile yağlayın.
5. Hamuru açın. Cupcake kalıplarından daha büyük yuvarlaklar kesin. Hamur çemberini dikkatli bir şekilde muffin tepsisindeki şişin üzerine yerleştirin ve üzerine bastırın. Kurabiye kabukları arasında daima bir çıkıntı bırakın.
6. Bisküvi hamur kabını yaklaşık 10 dakika pişirin. Çıkarın ve soğumaya bırakın (bu onları katı hale

**hazırlık**

1.
getirecektir). Muffin kalıplarından dikkatlice çıkarın.

## 25. Tatlı kestane kroketleri

**içindekiler**

- 500 gr kestane (kabuğu soyulmuş)
- 250 ml süt
- 90 gr bisküvi kırıntısı (veya ezilmiş kurabiye bisküvileri)
- 1 çay kaşığı portakal kabuğu rendesi (işlenmemiş organik portakaldan)
- 1 çay kaşığı limon kabuğu rendesi (işlenmemiş organik limondan)
- 150 gr tereyağı
- 2 yumurta

- 70 gr bisküvi kırıntısı (ekmek için)
- 1 çay kaşığı vanilya özü
- 1 çay kaşığı şeker

- Kızartmalık yağ)
- Toz şeker (üzerine serpmek için) hazırlanışı

1. Kestaneleri 20 dakika suda yumuşayana kadar haşlayın, süzün ve tatlı kestane kroketleri için püre haline getirin.
2. Sütü portakal ve limon kabuğu rendesi, kırıntılar, şeker ve vanilya posası ile bir kapta karıştırın, yavaşça ısıtın ve ardından kestane püresini karıştırın.
3. Bir yumurtayı çırpın, çırpın ve kestane karışımına karıştırın.
4. 3 cm uzunluğundaki çubukları bir sıkma torbası kullanarak enjekte edin ve soğumaya bırakın. Daha sonra ıslak ellerle çubuklardan kroket veya ceviz büyüklüğünde toplar şekillendirin.
5. İkinci yumurtayı çırpın ve tuzlayın.
6. Kroketleri batırıp bisküvi kırıntılarına bulayın ve 180 °C kızgın yağda kızartın.
7. Bitmiş kroketleri oluklu bir kaşıkla yağdan çıkarın ve bir mutfak rulosunun üzerine boşaltın.
8. Tatlı kestane kroketleri servis etmeden önce toz şeker serpin.

## 26. Vanilya kremalı ve cevherli meyve salatası

bisküvi

### içindekiler

- 1 bilgisayar. Mango
- 1 parça muz
- 1 armut
- 2 adet şeftali
- 2 adet portakal
- 2 yemek kaşığı mürver çiçeği şurubu
- 1 bilgisayar. Rama Cremefin (vanilya)
- 4 adet oreo bisküvi

**hazırlık**

1. Vanilya kremalı ve bisküvili meyve salatası için mango, muz ve armudu soyun ve küçük küpler halinde kesin. Şeftalileri de aynı şekilde rendeleyin. Portakalları sıkın, meyvelerin suyunu ekleyin, mürver çiçeği şurubu ile tatlandırın. İyice karıştırın ve 2 saat marine etmeye bırakın.
2. Rama Cremefine'i çırpın, bisküvileri ufalayın.
3. Meyve salatasını tatlı kaselerine yayın, üzerlerine vanilyalı kremayı dökün ve ufalanmış bisküvileri üzerine yayın.

## 27. Alkollü meyve salatası

### içindekiler

- 1 muz
- 4 kayısı
- 1 şeftali
- 15 üzüm
- 1 portakal (suyu)
- 2 YEMEK KAŞIĞI. mürver likörü

### hazırlık

1. Alkollü meyve salatası için önce meyveyi parçalara ayırın, portakalı sıkın ve suyunu ekleyin, mürver likörünü ekleyin, iyice karıştırın. Yaklaşık 60 dakika soğutun.
2. Ardından alkollü meyve salatasını kaselere bölerek servis yapın.

## 28. Tarçınlı meyve salatası

**içindekiler**

- 1 su bardağı doğal yoğurt (%1,5)
- 1 çay kaşığı tarçın
- 1 çay kaşığı bal
- 2 yemek kaşığı yulaf ezmesi
- 2 yemek kaşığı mısır gevreği
- 1 elma
- 1 muz
- 1 avuç üzüm hazırlanışı

1. Tarçınlı meyve salatası için elmayı çekirdekten çıkarın ve küçük parçalar halinde kesin. Ardından, muzu dilimler halinde kesin.
2. Üzümleri ikiye bölün ve çekirdeklerini çıkarın. Yoğurt, tarçın ve balı bir kapta kesilmiş meyvelerle karıştırın.
3. Üzerine pul serpin ve tarçınlı meyve salatasının tadını çıkarın.

## 29. meyve salatası

**içindekiler**

- 1 muz
- 1 elma
- biraz kuru üzüm
- 10 çilek
- Damla çikolata (süslemek için)

**hazırlık**

1. Muz, elma ve çileği meyve salatası için ısırık büyüklüğünde parçalar halinde kesin.
2. Kuru üzümleri ve meyveleri bir kaseye koyun ve damla çikolata ile süsleyin.

## 30. Egzotik meyve salatası

**içindekiler**

- 1/2 nar
- 1/2 adet. Mango
- 1 parça. Trabzon hurması
- 200 gr papaya
- 1 parça muz hazırlığı

1. Egzotik meyve salatası için narı sıkın ve suyunu ve çekirdeklerini bir kaseye koyun. Mango,

Trabzon hurması, papaya ve muzu parçalara ayırın ve nar ile karıştırın.

## 31. Vanilyalı dondurmalı meyve salatası

**içindekiler**

- 2 adet portakal
- 2 elma
- 1 parça muz
- 1 limon (suyu)
- 1/2 kutu vişne (çekirdeksiz)
- 2 yemek kaşığı bal
- 4 cl rom
- 4 vanilyalı dondurma
- 125 ml krem şanti
- 1 avuç dövülmüş badem hazırlanışı

1. Vanilyalı dondurmalı meyve salatası için portakal, elma ve muzu soyun ve birlikte ince dilimler halinde kesin. Limon suyuyla gezdirin.
2. Süzün ve vişneleri ekleyin. Balı romla pürüzsüz hale gelene kadar karıştırın, meyvelerin üzerine dökün ve demlenmesine izin verin.
3. Soğutulmuş tabaklara buzu yayın ve üzerlerine meyve salatasını dökün. Çırpılmış kremayı sertleşene kadar çırpın ve meyve salatasını onunla süsleyin.
4. Üzerine file badem serpin ve vanilyalı dondurma ile meyve salatasını servis edin.

32. Tekme ile meyve salatası

## içindekiler

- 1 bilgisayar. Turuncu
- 150 gr çilek
- 100 gr ahududu
- 1/4 parça kavun
- 1 elma
- 100 gr kiraz
- 1 limon
- 50 gram üzüm
- 40 ml Malibu

## hazırlık

1. Meyve salatası için çileklerin yeşilliklerini çıkarın ve ahududu, kiraz ve üzümlerle yıkayın. Ardından portakalı ve kavunu soyun ve küçük parçalar halinde kesin.
2. Çilekleri yarıya ve dörde bölün. Elmayı çekirdekten çıkarın ve küçük parçalar halinde kesin. Kirazların çekirdeklerini çıkarın ve üzümlerle ikiye bölün. Meyveleri bir kasede karıştırın ve üzerine limonu sıkın.

3. Son olarak meyve salatasını Malibu ile gezdirin ve iyice karıştırın.

## 33. Romlu kuru üzümlü meyve salatası

**içindekiler**

- 1 parça muz
- 1 elma
- 1 bilgisayar. Mango
- 1 bilgisayar. Portakal (suyu)
- 4 yemek kaşığı rom kuru üzüm
- 1 yemek kaşığı bal hazırlanışı

1. Romlu kuru üzümlü meyve salatası için mangoyu soyun ve çekirdeklerini kesin. Daha

sonra muzu soyun, uzunlamasına ikiye bölün ve dilimler halinde kesin.

2. Elmayı dörde bölün ve çekirdeklerini çıkarın ve küçük dilimler halinde kesin. Portakalı sıkın. Meyveyi bal ve portakal suyuyla marine edin, romlu kuru üzümle karıştırın.

3. Tatlı kaselerine paylaştırın ve meyve salatasını iyi soğutulmuş romlu kuru üzüm ile servis edin.

## 34. Yoğurt şapkalı meyve salatası

içindekiler

- 1 elma
- 1 bilgisayar. Turuncu
- 1 armut
- 50 gr üzüm
- 500 gr çilekli yoğurt (hafif)
- 1 atış sıvı tatlandırıcı
- 4 adet Amarena kirazı

**hazırlık**

2. Yoğurt şapkalı meyve salatası için meyveleri soyun ve kesin.
3. Portakalı fileto haline getirin, 1 damla tatlandırıcı ile 50 ml su kaynatın. Meyveyi kısaca kaynatın. Boşaltmak.
4. Çilekli yoğurdu meyve parçalarıyla karıştırın, kaselere doldurun ve her birini kirazla süsleyin.
5. Meyve salatasını yoğurt kapağıyla servis edin.

## 35. Yoğurtlu meyve salatası

**içindekiler**

- 250 gr üzüm
- 3 adet nektarin   250 gr doğal yoğurt
- Kızılcık (tatmak için) hazırlanışı

1. Meyve salatası için üzümleri ve nektarinleri yıkayın ve ardından nektarinleri parçalara ayırın. Ardından bir kaseye alın ve üzümleri ekleyin.

2. İyice karıştırın ve küçük kaselere dökün, üzerine doğal yoğurt ve dilerseniz kızılcık ekleyin.

## 36. Camembertli meyve salatası

**içindekiler**

- 1/2 parça şekerli kavun
- 2 dilim karpuz
- 2 adet portakal
- 2 adet kivi (sarı)
- 4 dilim Camembert
- tuz
- 2 yemek kaşığı sıvı yağ
- 2 yemek kaşığı beyaz şarap sirkesi

- Biber (beyaz)

**hazırlık**

1. Camembertli meyve salatası için bir portakalı güzelce yıkayın, kabuğunu kabuklarıyla soyun, portakalı ortadan ikiye kesin ve sıkın. Suyu marine için saklayın.
2. İkinci portakalı kalın bir şekilde soyun ve fileto haline getirin. Kiviyi soyun ve parçalara ayırın. Bir top kesici ile kavunlardan farklı boyutlarda toplar çıkarın.
3. Tüm meyveleri bir tabağa koyun, üzerine kamemberi yerleştirin ve üzerine sirke, yağ, tuz, beyaz biber ve portakal kabuğu rendesini dökün.

## 37. Ayçiçeği çekirdekli meyve salatası

**içindekiler**

- 2 bebek ananas
- 1 elma
- 1 armut
- 2 yemek kaşığı limon (suyu)
- 2 muz
- 1 kivi (muhtemelen 2)
- 6 yemek kaşığı portakal suyu
- 2 yemek kaşığı hindistan cevizi sosu
- 2 yemek kaşığı ayçiçeği tohumu

Ayçekirdekli meyve salatası için ananası temizleyin, kabuğunu çıkarın ve yaklaşık 1/2 cm kalınlığında dilimler halinde kesin.

2. Sapı çıkarın, dilimleri dörde bölün ve yeterince büyük bir kaseye koyun. Elma ve armudu yıkayın, çekirdeğini çıkarın, küp küp doğrayın ve ananasla karıştırın.

3. Meyve parçalarını bir limon suyuyla gezdirin, muz ve kivilerin kabuklarını çıkarın, ince dilimler halinde kesin ve meyvenin geri kalanının altına dikkatlice yerleştirin.

**hazırlık**

1.
4. Portakal suyu ve ay çekirdeğini salatanın üzerine dökün ve bitmiş meyve salatasına hindistan cevizi serpilmiş ay çekirdeği serperek servis yapın.

## 38. Yoğurt soslu meyve salatası

**içindekiler**

- 500 gr çilek
- 2 yemek kaşığı şeker
- 0,5 charantais veya ballı kavun
- 200 gr erik, örneğin mavi ve sarı
- 4 yemek kaşığı limon suyu (veya limon suyu)

- 1 su bardağı (236 ml) dilimlenmiş ananas
- 150 gr kremalı yoğurt
- 1 paket vanilya şekeri
- Mümkünse biraz taze nane Çilekleri yıkayıp temizleyin ve büyüklüklerine göre ikiye veya dörde bölün. Bir fırın kabına şeker serpin. Örtün ve yaklaşık 15 dakika çizin.
2. Kavunu çekirdekleyin ve kamalara kesin. Eti deriden kesin. Erikleri durulayın ve taştan takozlar halinde kesin. Kireç veya limon suyu ile gezdirin. Hazırlanan malzemeleri karıştırın.
3. Ananas sosu için 1 dilim hariç küpler halinde kesin ve suyuyla birlikte ezin. Yoğurt ve vanilya şekerini katın. Meyve salatası formunda.
4. Ananasın geri kalanını küpler halinde kesin. İsterseniz naneyi doğrayın. Her ikisini de marulun üzerine serpin.

**hazırlık**

1.
## 39. Vanilya yoğurt soslu meyve salatası

**içindekiler**

Meyve:

- 2 elma
- 1 muz•1/2 limon suyu
- 2 portakal sosu:

- 1 yumurta beyazı
- 2 yemek kaşığı şeker
- 1 vanilya çubuğu
- 75 gr yoğurt
- 1 yumurta sarısı
- 100 gr krem şanti hazırlanışı

1. Elmaları dilimler halinde kesin, muzu dilimleyin ve üzerine limon suyu gezdirin. Portakalları parçalara ayırın. Meyveleri dört tabağa eşit olarak dağıtın.
2. Yumurta beyazını sertleşene kadar çırpın, sos için şeker serpin. Vanilya kabuğu. Kazın, yoğurt ve yumurta sarısı ile karıştırın. Çırpılmış kremayı sertleşene kadar çırpın, yumurta akı ile birlikte katlayın. Meyve formuna.

40. Hızlı meyve salatası

**içindekiler**

- 1 elma (orta)
- 1 muz
- 1 avuç üzüm
- bazı çilekler
- biraz kiraz (çekirdeksiz)
- 1 kutu meyve kokteyli
- Limon
- Şeker kamışı (gerekirse) hazırlama

1. Hızlı meyve salatası için gerekirse meyveyi yıkayın, kesin ve çekirdeklerini çıkarın. Muzları kararmalarını önlemek için limon suyuyla çiseleyin.
2. Her şeyi meyve kokteyli ile bir kaseye koyun ve şeker kamışı ve vanilya şekeri ile tatlandırın.

## 41. Tekme ile tropikal meyve ve meyve salatası

**içindekiler**

- 1/2 ananas
- 1 parça muz
- 12 adet Amarena kirazı
- 4 yemek kaşığı grenadin şurubu
- 4 yemek kaşığı hindistan cevizi romu
- 60 ml yumurta likörü hazırlanışı

1. Muzu soyun ve tropik meyve ve meyve salatası için bir tekme ile dilimler halinde kesin.
   Ardından ananası soyun, sapı kesin ve eti küçük parçalar halinde kesin.

2. Ananas parçalarını ve muz dilimlerini nar şurubu, hindistancevizi romu ve yumurta likörü ile karıştırın, en az 1 saat marine etmeye bırakın.
3. Tropikal meyve-meyve salatası tekme ile 4 güzel bardakta verilir ve 3 siyah kirazla kaplanır.

## 42. Renkli meyve salatası

**içindekiler**

- 500 gr üzüm (çekirdeksiz)
- 2 elma
- 2 armut
- 2 adet şeftali
- 1/2 parça şekerli kavun
- 500 gr çilek
- 2 adet portakal
- 2 adet limon (suyu)
- 5 yemek kaşığı mürver çiçeği şurubu
- 4 yemek kaşığı bal hazırlanışı

1. Meyve salatası için portakalları soyun ve portakal dilimlerini fileto haline getirin, ardından kalanların suyunu sıkın.

2. Çilekleri temizleyip doğrayın. Elma, armut ve kavunun çekirdeklerini çıkarıp küçük parçalar halinde kesin. Sonra üzümleri ikiye bölün, şeftalileri doğrayın.
3. Tüm meyveleri büyük bir kaseye koyun, mürver çiçeği şurubu ve bal ile karıştırın. Meyve salatası bir saat soğumaya ayarlandı.

## 43. Meyve salatası ile lor yoğurt kreması

**içindekiler**

- 300 gr yoğurt (Yunanca)
- 250 gr krema kapları
- 2 yemek kaşığı agave şurubu
- 2 yemek kaşığı vanilya ezmesi
- 1/2 elma
- 1/2 armut
- 60 gr yaban mersini
- 15 adet üzüm (çekirdeksiz)
- 6 çilek
- 4 cl maraschino
- 2 yemek kaşığı limon suyu

**hazırlık**

1. Meyve salatalı lor ve yoğurt kreması için elma ve armutun çekirdeğini çıkarın ve parçalara ayırın.
2. Üzümleri yarıya, çilekleri dörde bölün. Meyveleri maraschino ve limon suyuyla marine edin, 30 dakika buzdolabında bekletin. Yoğurdu lor peyniri, agave şurubu ve vanilya ezmesi ile karıştırın.
3. Lor kremasını tatlı kaselerine yayın ve üzerine meyve ve suyu dökün. Meyve salatası ile krem şanti hemen soğuk servis edilir.

### 44. Şekersiz meyve salatası

## içindekiler

- 4 elma (organik)
- 500 gr üzüm (organik)
- 500 gr çilek (organik)
- 4 muz (organik, olgun)
- 3 armut (organik)
- 6 yemek kaşığı akide şekeri (toz)
- 1 limon

## hazırlık

1. Meyve salatası için meyveleri çok iyi yıkayın ve küçük küpler halinde kesin. Vitaminlerin çoğu kabukta olduğu için KESİNLİKLE KAÇIRMAYIN! Bunun yerine, her şeyi büyük bir kaseye koyun ve iyice karıştırın.
2. Daha sonra üzerine akide şekerini serpin ve tekrar iyice karıştırın. Son olarak bir yandan meyvenin kararmaması için bir yandan da meyve salatasına canlılık kazandırmak için limon suyunu ekleyin.

## 45. Basit meyve salatası

**içindekiler**

- 400 gr ananas (parçalar halinde)
- 3-4 elma (küçük)
- 1-2 adet muz
- 1 bilgisayar. Turuncu
- 1 parça. Trabzon hurması
- 1-2 adet. kivi hazırlama

1. İlk olarak, meyve salatası için büyük bir kaseye ananas ve konserve suyunu koyun. Daha sonra elmaların çekirdeklerini çıkartın ve küçük parçalar halinde kesin ve ananaslara ekleyin.
2. Sonra diğer meyveleri soyun ve küçük parçalar halinde kesin. (hurması kabuğuyla birlikte yenebilir)

3. Meyve salatasını düzenleyin ve servis yapın.

## 46. Vegan meyve salatası

**içindekiler**

- 1 bilgisayar. Greyfurt
- 2 adet kivi
- 1 elma
- 3 yemek kaşığı soya yoğurdu hazırlanışı

1. Meyve salatası için greyfurt ve kiviyi soyun, elmayı yıkayın. Daha sonra her şeyi lokma büyüklüğünde doğrayın ve bir kaseye koyun.
2. Soya yoğurdu ekleyin ve her şeyi iyice karıştırın.

## 47. Sarı meyve salatası

**içindekiler**

- 1 bilgisayar. mango (olgun)
- 2 armut (sarı, olgun)
- 2 elma
- 2 adet muz
- 2 şeftali (sarı etli)
- 1 limon
- 1 yemek kaşığı bal (sıvı) hazırlanışı

1. Meyve salatası için mangoyu soyun, çekirdeklerinden ayırın ve lokma büyüklüğünde doğrayın. Armutları ve elmaları yıkayın,

çekirdeklerini çıkarın ve lokma büyüklüğünde doğrayın.

2. Muzları soyun ve ısırık büyüklüğünde parçalar halinde kesin. Ardından şeftalileri yıkayın, çekirdeklerini çıkarın ve lokma büyüklüğünde doğrayın.

3. Kesilmiş meyveleri bir kaseye koyun ve karıştırın. Limonu sıkın. Suyu balla karıştırın ve meyvelerin üzerine gezdirin.

## 48. Kavun meyve salatası

**içindekiler**

- 300 gr karpuz
- 1/2 parça ballı kavun
- 1/2 parça şekerli kavun
- üzüm
- 1 elma
- 2 adet portakal (suyu)
- 2 yemek kaşığı bal
- 125 ml su hazırlama

1. Kavun meyve salatası için kavunları soyup temizleyin ve küçük küpler halinde kesin.

Üzümleri yarıya bölün. Elmayı soyun ve küçük küpler halinde kesin. Portakalları sıkın.

2. Suyu bal ile kaynatın, soğutun ve meyve küplerinin üzerine dökün, portakal suyunu ekleyin. Serin bir yere koyun ve en az 60 dakika marine edin.

## 49. Kivi meyve salatası

**içindekiler**

- 600 gr ananas
- 4 kivi
- 2 muz
- 1 nar
- 2 paket vanilya şekeri
- 2 yemek kaşığı pudra şekeri
- 3 yemek kaşığı limon (suyu)
- 3 yemek kaşığı grenadin şurubu hazırlanışı

1. Kivi salatası için, önce ananası uzunlamasına sekize bölün, sapın alt kısmını küçük parçalara

ayırın ve kabuğundan çıkan posayı çapraz olarak kesin.

Kivi ve muzları soyup dilimleyin.

2. Narı çapraz olarak kesin, çekirdeklerini ve suyunu bir kaşıkla sıyırın. Her şeyi bir kapta karıştırın. Bir limonun suyunu, pudra şekerini, vanilya şekerini ve nar şurubu ile meyveyi karıştırın. Kivi meyve salatasını buz gibi masaya getirin.

## 50. Erik ve ananas meyve salatası

**içindekiler**

- 1 ananas
- Cointreau

- bal
- nane
- 11 erik
- pudra şekeri hazırlanışı

1. Erik-ananas meyve salatası için ananası kesin. Erikleri ikiye bölün ve çekirdeklerini çıkarın, kama şeklinde kesin ve Cointreau, nane ve balla marine edin.
2. Ananas parçalarını ekleyin, karıştırın ve tüm meyve salatasını oyulmuş ananasın içine yerleştirin. Pudra şekeri serpin ve erik, ananas ve meyve salatası servis edin.

## 51. Narlı meyve salatası

**içindekiler**

- 1/2 nar
- 2 mandalina
- 2 muz
- 4 erik•      1 elma
  1 bacak

**hazırlık**

1. Narlı meyve salatası için önce narın yarısını narenciye sıkacağı ile sıkın ve bir kaseye alın (sıkma işleminden arta kalan çekirdekler dahil her şey).
2. Mandalinaları da sıkın. Muzları kesin, ekleyin ve bir çatalla ezin. Erik, elma ve hurmayı küçük parçalar halinde kesin ve karıştırın - narlı meyve salatası hazır.

## 52. Fındıklı meyve salatası

**içindekiler**

- 2 adet portakal
- 2 muz (olgun)
- 1 elma
- 1 armut
- 2 yemek kaşığı ceviz (rendelenmiş) hazırlanışı

1. Meyve salatası için portakalları sıkın ve bir kaseye koyun. Hamur (tohumsuz) da eklenebilir. Ardından muzları soyun ve dilimleyin.

2. Portakal suyunu çatalla ezin. Elmayı ve armudu doğrayın ve karıştırın. Rendelenmiş fındık serpin.

## 53. Taze meyve kokteyli

**içindekiler**

- 1 ananas (Hawaii, soyulmuş)
- 4 şeftali (kabuğu soyulmuş)
- 2 adet nar (taşları çıkarılmış)
- 2 Granny Smith elması (çekirdeksiz, doğranmış)
- 400 gr üzüm (yeşil ve çekirdeksiz)

**hazırlık**

1. Meyve kokteyli için meyveyi yıkayın ve her şeyi parçalara ayırın.
2. Meyveleri karıştırıp servis yapın.

## 54. Naneli meyve salatası

**içindekiler**

- 2 kayısı
- 2 şeftali
- 1 armut
- 1 avuç çilek (temizlenmiş)
- 6 nane yaprağı (şeritler halinde kesilmiş)
- 3 çay kaşığı şeker hazırlığı

1. Naneli meyve salatası için kayısı ve şeftalileri yıkayın, çekirdeklerini çıkarın ve küçük küpler halinde kesin. Armutları yıkayıp dörde bölün, çekirdeğini çıkarın ve küpler halinde kesin. Çilekleri hoş parçalara ayırın, her şeyi iyice karıştırın.

2. Şeker ve nane ekleyip meyve salatasını soğuk nane ile servis edin.

## 55. Karidesli Karpuz ve Armut Salatası

**içindekiler**

- 190 gr karides (marine edilmiş)
- 2 dilim karpuz
- 1 armut
- 1 tutam balzamik sirke (rosso)
- 1/2 demet frenk soğanı hazırlanışı

1. Karpuz ve armut salatasını karpuz ve armut için daha büyük küpler halinde kesin.
2. Sarımsakları da küçük parçalar halinde kesin.
3. Karidesleri, zaten marine oldukları için ilave yağ eklemeden yapışmaz bir tavada birkaç dakika

kızartın. Son olarak karpuz küplerini yaklaşık 1 dakika kızartın ve ardından tavayı ocaktan alın.

4. Armut küplerini karıştırın ve 1 dakika bekletin. Bir tutam balzamik sirke ile tatlandırın, tekrar karıştırın ve üzerine frenk soğanı serpilmiş karideslerle birlikte karpuz ve armut salatası servis edin.

## 56. Buzlu portakal ve kivi salatası

**içindekiler**

- 3 adet portakal
- 4 adet kivi
- 100 gr kokteyl meyveleri
- Portakal likörü (tatmak için)
- 1 bilgisayar. Portakal (suyu)
- 2 yemek kaşığı bal
- 1/2 limon (suyu)
- Antep fıstığı (doğranmış)
- 120 gr vanilyalı dondurma hazırlanışı
1. Dondurmalı portakal ve kivi salatası için portakal ve kiviyi soyun ve ince dilimler halinde kesin. Kokteyl meyvelerini boşaltın.

2. Meyveleri karıştırın ve soğutun. Cam kaseleri soğutun. Portakal ve limon suyunu portakal likörü ve bal ile karıştırın, meyvelerle dikkatlice karıştırın ve buzdolabında yarım saat dinlendirin.

3. Vanilyalı dondurmayı dörde bölün. Soğuyan cam kaselerin her birine birer parça vanilyalı dondurma koyun, üzerini meyve salatası ile kaplayın, üzerine kıyılmış fıstık serpin ve hemen servis yapın.

## 57. Vişne kompostosu

**içindekiler**

- 1 kg vişne

- su
- 4 yemek kaşığı şeker kamışı
- 1 tutam vanilya şekeri hazırlanışı

1. Vişne kompostosu için vişneleri yıkayıp çekirdeklerini çıkarın. Büyük bir tencereye koyun ve vişnelerin üzerini geçecek kadar suyla doldurun. Şeker kamışı ve vanilya şekeri ekleyin.
2. Kompostoyu kaynatın ve yaklaşık 5 dakika hafifçe pişirin. Bu arada bardakları hazırlayın. Vişne kompostosu bardaklara dökün, kapatın ve temizleyin.
3. Ardından ters çevirin (bardaklarda bir vakum oluşması için) ve bir battaniye ile örtün (yavaş soğutma için).

## 58. Bir atış ile ananas

**içindekiler**

- 1 parça. Ananas 1,5 kg
- 1/8 l ekşi krema
- 3 adet muz
- 2 adet damgalı rom (beyaz)
- 50 gr damla çikolata hazırlanışı

1. Ananasın bir atışıyla ananasın kapağını kesin. Daha sonra posayı küçük bir bıçakla kesin (1 cm kenarını bırakın) ve posayı yakl. 1 cm boyutundadır.
2. Muzu ince dilimler halinde kesin ve ananas parçaları ve kalan malzemelerle bir kapta karıştırın ve boş ananasın içine dökün. Ananası

bir kapakla kapatın ve servis yapana kadar buzdolabına koyun.

## 59. Mürver sirkesi

**içindekiler**

- 3/4 l sirke
- 2 yemek kaşığı akasya balı
- 3/4 cam mürver çiçeği hazırlığı

1. Mürver çiçeği sirkesi için, böceklerden dikkatlice koparılmış mürver çiçeği ile 3/4 dolu temiz, sızdırmaz bir litrelik bir kavanoz doldurun.
2. Bal ve sirkeyi birlikte çırpın, üzerine dökün ve yaklaşık 4 hafta karanlık bir yerde dinlendirin.
3. Mürver sirkesini bir bardakta saklayın veya hemen kullanın.

## 60. Renkli meyve salatası ile soya pudingi

**içindekiler**

- 500 ml soya içeceği
- 1 paket vanilyalı puding tozu
- 2 yemek kaşığı şeker
- 1 şeftali
- 1 adet kivi
- 3 çilek
- 8 liç
- 1 avuç üzüm
- 1 parça kireç (meyve suyu)
- 2 yemek kaşığı mürver çiçeği şurubu

hazırlık

1. Renkli meyve salatalı soya pudingi için soya içecekli vanilyalı pudingi paketin üzerindeki tarife göre pişirin, puding kalıplarına doldurun ve buzdolabında birkaç saat bekletin.
2. Meyveleri küçük parçalar halinde kesin, limon suyu ve mürver çiçeği şurubu ile marine edin. Pudingi kalıptan çıkarın, meyve salatasını pudingin etrafına yerleştirin.

## 61. Karpuzlu meyve salatası

içindekiler

- 150 gr ahududu
- 100 gr çilek (örneğin böğürtlen, yaban mersini)
- 2 şeftali (büyük)

- 8 kayısı
- 8 erik
- 1 limon
- 50 gram şeker
- 50 ml maraşino
- 1 karpuz (orta boy)
- nane (taze)

**hazırlık**

1. Karpuzlu meyve salatası için önce şeftalileri soyun, çekirdeklerini çıkarın, dörde bölün ve kesin. Daha sonra kayısıları ve erikleri ikiye bölün, çekirdeği çıkarın ve parçalara ayırın. Ahududu ve şekeri yeterince büyük bir kaseye koyun ve üzerine limon suyu ve maraschino gezdirin. Kısaca soğutun.
2. Karpuzu kesin, posayı küçük küpler halinde kesin ve kalan meyvelerle karıştırın. Meyve salatasını nane ile karpuzla süsleyin ve masaya getirin.

## 62. Armut ve erik salatası

İçindekiler

- 1/2 kg erik    1/2 kg armut
- 3 yemek kaşığı limon (suyu)    2 yemek kaşığı armut şurubu
- 5 gün badem gevreği
- 5 günlük ayçiçeği çekirdeği
- 1/4 l ekşi süt hazırlanışı

1. Armut ve erik salatası için ayçekirdeği yağsız bir tavada kokusu çıkana kadar kavurun. soğumaya bırakın.
2. Erikleri yıkayın, ikiye bölün, çekirdeklerini çıkarın ve yarıları dilimler halinde kesin.
3. Armutları soyun ve dörde bölün, çekirdeği çıkarın ve meyveleri küpler halinde kesin.
4. Meyve parçalarını limon suyuyla gezdirin.

5. Kalan limon suyu, armut şurubu ve ekşi sütü karıştırın ve meyveye karıştırın.
6. Armut ve erik salatasına ayçiçeği çekirdeği ve kuşbaşı badem serpin.

## 63. Fıstık soslu meyve salatası

**içindekiler**

- 1/2 şekerli kavun
- 1/2 ananas
- 1 paket physalis
- bazı üzümler (büyük, çekirdeksiz)  3 yemek kaşığı fıstık ezmesi (çıtır)
- 4 yemek kaşığı portakal suyu (taze sıkılmış)
- 2 yemek kaşığı limon suyu (taze sıkılmış)
- 1/2 yemek kaşığı pudra şekeri
- 4 kürdan

**hazırlık**

1. Önce fıstıklı meyve salatası için ananas dilimini lokma büyüklüğünde küpler halinde kesin. Daha sonra kavunu soyun ve küpler halinde kesin. Üzümleri yıkayın.
2. Fıstık ezmesini, taze sıkılmış portakal ve limon suyu ve sos için pudra şekeri ile karıştırın.
3. Meyve salatasını fıstık sosuyla servis edin. Meyve parçalarını bir kürdan ile şişleyin ve daldırın.

## 64. Ezilmiş buzlu hindistan cevizi meyve salatası

**içindekiler**

- 1 hindistan cevizi
- isteğe göre karışık meyveler (papaya, ananas, mango)
- Azuki fasulyesi küpleri (veya agar-agar küpleri)
- 1.5 yemek kaşığı akçaağaç şurubu
- Esmer şeker tadı
- 3.5 yemek kaşığı kalın hindistan cevizi sütü
- 4 su bardağı (lar) ince kırılmış buz
- Hazırlanışı tatmak için tarçın

1. Önce hindistan cevizini açın. Bunu yapmak için, bir çekiç ve çivi ile sakalın altındaki karanlık yerlere

(çukurlara) hindistan cevizine 2 veya 3 delik açın. Bir tencerenin üzerine elek koyun, hindistan cevizini ekleyin ve hindistan cevizi suyunun süzülmesine izin verin. (Gerekirse delikleri tirbuşonla daha derine delin.) Ardından hindistan cevizini önceden ısıtılmış 180 derecelik fırına yakl. 20 dakika ve tekrar çıkarın. Çekiçle sertçe vurun ve hindistan cevizini açın. Hamuru gevşetin ve küçük küpler halinde kesin. Kalan meyveleri de çok küçük küpler halinde kesin ve her şeyi karıştırın. Hindistan cevizi suyunu hindistan cevizi sütü, akçaağaç şurubu ve esmer şekerle karıştırın ve meyvelerin üzerine dökün. Yavaşça karıştırın.

Çok ince kırılmış buzu karıştırın ve servis yapın.

### 65. Fasulye soslu dondurma ve meyve salatası

### içindekiler

- 8 avuç yumurta akı (veya kırılmış buz)
- Fasulye ezmesi (kırmızı)
- 250 ml şeker şurubu
- 3 yemek kaşığı amaretto kirazı (süslemek için)

Meyve salatası için:
- Meyve (örneğin şeftali, çilek, dilediğiniz gibi)
- Limon suyu
- Şeker**hazırlık**

1. Fasulye soslu dondurma ve meyve salatası için fasulye ezmesini şeker şurubu ile karıştırın. İlk önce, bir şarap bardağına biraz buz karı dökün. Ardından üzerine küçük bir kaşık fasulye ezmesi ve bir yemek kaşığı meyve salatası koyun. Amaretto kirazları ile süsleyin ve servis yapın.

## 66. Peynirli meyve salatası

**içindekiler**

- 3 adet kayısı•    1/2 ananas
- 1 elma (büyük)
- 300 gr.
- 250 ml krem şanti
- 3 yemek kaşığı ananas suyu
- Limon suyu
- 2 çay kaşığı hardal (sıcak)
- tuz
- biber
- yeşil salata (süslemek için)

Peynir-meyve salatası için meyveleri dilimler ve küpler halinde kesin ve peyniri dilimler halinde kesin.

2. Krem şanti, limon suyu, ananas suyu, hardal, tuz ve karabiber ile marine sosu hazırlayın ve meyve ve peynirin üzerine dökün. Her şeyi iyice karıştırın ve biraz demlenmesine izin verin.
3. Bitmiş peynir ve meyve salatasını marul yapraklarına yerleştirin ve servis yapın.

**hazırlık**

1.

## 67. Meyve soslu meyve salatası

**içindekiler**

*Giyinme için:*

- 3 kivi 2 armut (kabuğu soyulmuş) Salata için:
- 2 muz
- 2 mandalina
- 150 gr üzüm (mavi ve beyaz; çekirdeksiz)
- 1 kivi
- 1 armut
- 1 elma
- 1 avuç ceviz (veya fındık)
- 4 yemek kaşığı şeker

Meyve soslu meyve salatası için meyvelerden meyve salatası hazırlayın.

2. Elmayı ve armudu soyun ve dörde bölün, çekirdeği çıkarın ve meyve parçalarını tekrar kesin.
3. Küçük bir tencerede elma ve armut parçalarını az su ve 1 yemek kaşığı şekerle al dente kıvamına gelene kadar buğulayın.
4. Kivi ve muzları soyup dilimleyin, üzümleri yıkayın, saplarını koparın.
5. Mandalinaları soyun ve kamalara bölün, fındıkları irice doğrayın.
6. Meyveleri geniş bir kapta iyice karıştırın.
7. Üzeri için kivi ve armutların kabuklarını soyun. Armutların çekirdeğini çıkarın ve meyveyi uzun bir karıştırma kabına koyun.
8. El blenderi ile 3 yemek kaşığı şekerle püre haline getirin.
9. Sosu meyvelerin üzerine dökün ve meyve salatasını üzerine kıyılmış fındık serpiştirerek servis edin.

**hazırlık**

1.

## 68. Soğuk gratenli pişmiş meyve salatası

**içindekiler**

- 500 gr kuark
- 250 ml krem şanti
- 1 muz (dilimlenmiş)
- 10 adet çilek (doğranmış)
- 10 üzüm (beyaz, yarıya)
- 1 tutam şeker
- 1 paket gevrek
- 1 paket badem ezmesi
- 1 paket vanilya şekeri

Meyve salatası için meyveleri bir kaseye dağıtın. Quark ile çırpılmış kremayı karıştırın ve şeker ekleyin. Karışımı meyvelerin üzerine dökün ve her şeyi düzeltin.

2. Badem şeritlerini, kırılgan şekeri ve vanilya şekerini karıştırın ve üstüne sıkıca serpin. En az 60 dakika buzdolabına koyun.

**hazırlık**

1.

## 69. Çıtır kinoalı meyve salatası

**içindekiler**

- 40 gr kinoa
- 0.5 çay kaşığı buğday tohumu yağı
- 3 çay kaşığı akçaağaç şurubu
- 125 ml ayran
- 2 kayısı
- 200 gr çilek (karışık) hazırlanışı

1. Hamile ve emziren kadınlar için: doyurucu müsli
2. Orta Amerika'dan tahıl benzeri tahıllar olan kinoa, yüksek protein, demir ve kalsiyum içeriği nedeniyle son derece değerlidir. Onlar

küçüktürler ve çok hafif bir tada sahiptirler. Kukuruz'a benzer şekilde, onları "patlatabilirsiniz". Ama çok kararmamasına dikkat edin. Tatlı olarak salatanın üzerine bir top vanilyalı dondurma koyabilirsiniz.

3. Kinoayı sıvı yağ ile bir tavaya alın ve patlayana kadar kısık ateşte ısıtın. 1-2 dakika sonra akçaağaç şurubunun üçte birini ekleyin ve kısaca kızartın, soğuk bir tahta üzerine dökün ve yayın. Ayranı şurubun geri kalanıyla karıştırın, bir kaseye aktarın. Meyveleri durulayın, meyveleri temizleyin, kayısıları kamalara kesin. Her ikisini de ayranda eşit olarak dağıtın. Ardından soğuyan kinoayı üzerine serpin.

4. Patlamış kinoa da mükemmel dondurma yapabilir: Çeyrek litre ayranı dondurun. Buzluktan çıkarın ve 50 gr bal ve 1 tutam vanilya tozu ile krema kıvamına gelene kadar karıştırın. Ardından 0,2 litre krem şantiyi çırpın ve hızlıca ayranın içine karıştırın. Son olarak, yukarıda anlatıldığı gibi hazırlanan soğutulmuş kinoayı ilave edin ve en az 6 saat boyunca dondurucuda dondurun. Yemekten 30 dakika önce buzdolabına koyun. Masanın üzerine taze meyve veya muhtemelen yarı sert krem şanti getirin.

# 70. Chachacha şurubu ile meyve salatası

**içindekiler**

*Chachacha nane şurubu:*

- 100 gr şeker
- 200 ml su
- 200 ml portakal (suyu)
- 3 darphane
- 2 karanfil
- 6 yemek kaşığı chachacha; Beyaz şeker kamışı likörü

*Meyve salatası:*

- 1 mango 650 gr
- 1 papaya 450 gr
- 1 ananas 1,5 kg
- 4 tamarillo
- 3 portakal
- 250 gr toprak orduları
- 125 gr kuş üzümü
- 1 tutku meyvesi
- 3 darphane

**hazırlık**

1. Şerbeti için şekeri 200 ml su, portakal suyu ve nane sapları ile şerbeti açık şekilde kaynatın. Karanfilleri ekleyip soğumaya bırakın. Chachacha ekleyin ve soğumaya bırakın.
2. Salata için mango, papaya ve ananasın kabuğunu çıkarın. Mango etini taştan kesin. Papayayı ikiye bölün ve bir kaşıkla çekirdeklerini çıkarın. Ananası dörde bölün ve sapı çıkarın. Meyveleri ısırık büyüklüğünde parçalar halinde kesin. Tamarilloyu sapından kesin, kaynar suda 1 dakika bekletin, söndürün ve soyun. Meyveleri 1/2 cm kalınlığında dilimler halinde kesin. Portakalların beyaz kabuklarını kabuğundan çıkarın ve kabukları ayıran filetoları çıkarın. Çilekleri yıkayın, süzün, yarıya veya dörde bölün. Kuş üzümü yıkayın, süzün. Tutku meyvesini yarıya indirin.
3. Nane ve karanfilleri şuruptan çıkarın. Meyveleri şurupla karıştırın, 10 dakika marine edin. Nane yapraklarını koparıp meyve salatasının üzerine serpin.

## 71. Likör soslu meyve salatası

**içindekiler**

- 2 muz
- 2 elma
- 2 yemek kaşığı limon (suyu)
- 125 gr üzüm
- 2 portakal
- 4 kayısı
- 2 yemek kaşığı şeker

*Likör sosu için:*

- 1 paket taze krema (150 gr)
- 3 yemek kaşığı Grand Marnier
- 30 gr iç fındık hazırlanışı

1. Muzların kabuğunu çıkarın ve küçük dilimler halinde kesin. Kabuğu elmalardan çıkarın, dörde bölün, çekirdeği kesin ve parçalara ayırın. Her iki malzemeyi de limon suyuyla gezdirin. Üzümleri yıkayın, iyice süzün, saplarını çıkarın, ikiye bölün ve çekirdeklerini çıkarın. Kabuğu çıkarın, beyaz cildi çıkarın ve portakalları parçalara ayırın. Kayısıları yıkayın, ikiye bölün, çekirdeklerini çıkarın ve küpler halinde kesin. Malzemeleri şekerle karıştırın ve bir kapta şekillendirin.
2. Likör sosu için, kremayı Grand Marnier ile karıştırın, fındık çekirdeklerini küçük dilimler halinde kesin, katlayın ve sosu meyve kalıbının üzerine dökün.

## 72. Akdeniz meyve salatası

**içindekiler**

- 3 nar
- 3 portakal
- 3 greyfurt (pembe)
- 4 incir
- Kakule
- 15 gün şeker
- 1/4 l meyve suyu, toplanmış (aksi takdirde portakal suyu eklenir) hazırlanışı

1. Akdeniz meyve salatası için portakal ve greyfurt filetosu: suyunu toplarken beyaz iç kabuğu da dahil olmak üzere kabuğunu soyun. Daha sonra ince zardan meyve parçalarını gevşetin ve suyunu toplayın.
2. Narların çekirdeklerini çıkarın.
3. İncirleri dikkatlice yıkayın ve dilimler halinde kesin.
4. Şekeri (yağsız) küçük bir tencerede eritin ve kahverengi (karamelize edin).
5. Toplanan suyu dökün, kakule ile baharatlayın ve soğumaya bırakın.
6. Meyveleri ekleyin, dikkatlice karıştırın ve Akdeniz meyve salatasını en az 3 saat marine edin.

## 73. Meyve salatalı karabuğday waffle

**içindekiler**

- 80 gr tereyağı
- 75 gr akasya balı
- 2 yumurta
- 0,5 vanilya çubuğu (posası)
- 90 gr karabuğday unu
- 80 gr tam buğday unu
- 1 çay kaşığı kabartma tozu (tartar)
- 150 ml maden suyu
- 100 gr lor peyniri
- 50 gr yoğurt (doğal)

- 1 yemek kaşığı akçaağaç şurubu
- 1 elma
- 1 armut
- 250 gr çilek
- Limonlar (meyve suyu)
- 1 zencefil tozu hazırlanışı

1. Tam un çeşitleri, özellikle taze pişmiş waffle'larda lezzetlidir. Ayrıca az yağ ile geçinirler. Kısacası: öğünler arasında sağlıklı bir atıştırmalık.
2. Tereyağını bal ile krema kıvamına gelene kadar karıştırın. Yumurtaları ve vanilya özünü karıştırın. Her iki unu da kabartma tozu ile karıştırın. Karışımı yumurta karışımına karıştırın. Viskoz bir hamur yapmak için yeterli maden suyu ekleyin. Hamuru en az 15 dakika bekletin. Gerekirse, daha fazla maden suyu ekleyin ve ardından hamur işlenene kadar 2 ila 3 yemek kaşığı waffle pişirin. Lor peynirini yoğurtla pürüzsüz olana kadar karıştırın ve akçaağaç şurubunun yarısı ile tatlandırın. Elma, armut ve meyveleri durulayın. Elma ve armudu dörde bölün, çekirdeği çıkarın ve küpler halinde kesin. Küpleri biraz limon suyuyla gezdirin. Çilekleri seçin ve diğer meyvelerle karıştırın. Meyve salatasını akçaağaç şurubu ve

zencefil tozunun geri kalanıyla baharatlayın. İki waffle arasına biraz lor peyniri serpin.
3. Evde karabuğday unu yoksa sadece tam buğday unu kullanabilirsiniz.

## 74. Egzotik meyve salatası ile müsli

**içindekiler**

- 1 ananas
- 1/2 Charentais kavunu
- 1 mango
- 1 kivi
- 1 papaya
- 8 çilek
- Tam tahıllı yulaf ezmesi
- Tam buğday gevreği
- Mısır gevreği
- fındık çekirdekleri
- Ceviz
- Süt

- yoğurt
- Katman peynir hazırlama

1. Meyvenin kabuğunu çıkarın (mevsime ve tada göre), çekirdeklerini çıkarın, küp küp doğrayın ve karıştırın. Müsli malzemelerini isteğe göre küçük fırın kaplarında sofraya getirin ve süt ürünleri ve meyve salatası ile birlikte getirin. İsterseniz, her şeyi bal veya şekerle tatlandırabilirsiniz.
2. İpucu: Daha da iyi bir sonuç için kremalı doğal yoğurt kullanın!

## 75. Cam erişteli Asya meyve salatası

**içindekiler**

- 1 portakal
- 1 paket bezelye
- 1 paket cam erişte
- bal
- Nane yaprakları
- 12 liçi
- 0,5 biber
- Şeker

**hazırlık**

1. Her durum için harika bir makarna yemeği:
2. Doğranmış yarım peporoni ve şekerle pişirilmiş cam erişteleri karıştırın. Üzerine portakal dilimlerini koyun ve nane yaprağıyla süsleyin.

## 76. Baharatlı meyve salatası

**içindekiler**

- 1/2 karpuz (tercihen çekirdeksiz)
- 1 bilgisayar. Mango (yumuşak)
- 250 gr çilek
- 150 gr beyaz peynir
- Balzamik sirke (koyu, tatmak için)
- Biber (taze çekilmiş, renkli,

tatmak)**hazırlık**

1. Baharatlı meyve salatası için her şeyi küçük parçalara ayırın ve geniş bir tabağa yerleştirin.

77. Lychees ve ananaslı kavun

**içindekiler**

- 1 adet şekerli kavun (büyük veya 1/2 karpuz)
- 1 doz lychee
- 400 gr ananas (veya çilek, taze)
- 5 yemek kaşığı zencefil (konserve)
- Birkaç yemek kaşığı meyve likörü hazırlanışı

1. Lychees ve ananaslı kavun için, bitmiş meyve salatasını kaselere doldurmak için kavunu kesin ve içini boşaltın.
2. Kavun etini küp küp doğrayın, gerekirse diğer meyveleri de küp küp doğrayın. Dilerseniz likörü meyvelerin üzerine dökün.
3. Zencefil parçalarını ince doğrayın ve her şeyi karıştırın. Birkaç saat soğutun.
4. Servis yapmadan önce, meyveyi kavun kabuğunun yarısına dökün ve kavunu liçi ve ananas ile servis edin.

## 78. Yumurta ve meyve salatası

**içindekiler**

- 4 yumurta
- 300 gr armut dilimleri
- 400 gr elma dilimleri
- 0,3 kg yoğurt
- 2 dilim kepekli ekmek (ince doğranmış)
- 2 yemek kaşığı limon (suyu)
- 2 yemek kaşığı bal hazırlanışı

1. Yumurta ve meyve salatası için yumurtaları 10 dakika kaynatın, durulayın ve soyun.

2. Yumurtanın beyazını ve sarısını ayırın. Yumurta aklarını ince ince doğrayın.
3. Sos için yumurta sarılarını yoğurtla karıştırın ve limon suyuyla tatlandırın. Balı ısıtın ve içindeki tam tahıllı ekmek küplerini sırlayın.
4. Elma ve armut dilimlerini tabaklara dizin. Üzerine kıyılmış yumurta akı ve yoğurt sosunu dökün ve yumurta ve meyve salatasını tam ekmek küpleri ile serpin.

## 79. Armut ve üzüm salatası

**içindekiler**

- 2 armut
- 15 gün mavi üzüm (çekirdeksiz)• 15 dag beyaz üzüm (küçük, çekirdeksiz)
- 5 günlük fındık sosu:

- 100 ml üzüm suyu (kırmızı)
- 1 yemek kaşığı limon suyu
- 3 yemek kaşığı bal (veya şeker)
- 1 yemek kaşığı grappa

**hazırlık**

1. Fındıkları yaklaşık olarak armut ve üzüm salatası için bir fırın tepsisine koyun. 120°C'de kokusu çıkana kadar. Kabuğu mümkün olduğu kadar sıcak bir havluyla ovun ve fındıkları doğrayın.
2. Üzümleri yıkayın, asmalardan koparın ve gerekirse ikiye bölün.
3. Armutları soyun ve dörde bölün, çekirdeklerini çıkarın ve meyveleri küp küp doğrayın. Parçaların kararmasını önlemek için hemen limon suyu gezdirin.
4. Üzüm suyunu bal (şeker) ve grappa ile karıştırın ve tadına göre baharatlayın.
5. Meyveleri karıştırın ve meyve suyuyla gezdirin.
6. Üzerine kıyılmış fındık serpilmiş armut ve üzüm salatasını servis edin.

## 80. Canlı meyve salatası

**içindekiler**

- 2 greyfurt (pembe)
- 3 portakal
- 1 armut
- 1 elma
- 3 Kampari
- 1 paket vanilya şekeri hazırlanışı

1. Campari'li meyve salatası için greyfurt ve 2 portakal filetosu: suyunu toplarken beyaz iç kabuk da dahil olmak üzere kabuğunu soyun.

Daha sonra ince zardan meyve parçalarını gevşetin ve suyunu toplayın.

2. Portakalın geri kalanını sıkın.
3. Elmayı ve armudu soyun ve dörde bölün, çekirdeği çıkarın ve parçalara ayırın.
4. Portakal ve greyfurt suyu, Campari ve vanilya şekerini şeker eriyene kadar karıştırın.
5. Meyveleri bir kasede karıştırın ve suyunu üzerlerine dökün.
6. Meyve salatasını Campari ile soğutun ve bir saat demlenmesine izin verin.

## 81. Tatlı ve ekşi sos

**içindekiler**

- 2 soğan (orta boy)
- 250 ml ananas suyu

- 100 ml sirke
- 3 çizgi tabasco sosu
- 3 yemek kaşığı şeker (kahverengi)
- 3 yemek kaşığı ananas reçeli
- Biber (taze çekilmiş) hazırlama

1. Tatlı ve ekşi sos için soğanları soyun ve çok ince doğrayın.
2. Şekeri ananas suyuyla orta ateşte eritin. Ardından soğanları ekleyin ve ısıtın. Son olarak tabasco sosu, biber, reçel ve sirkeyi ekleyin.
3. Gerekirse, tatlı ve ekşi sosu bir tutam su ile seyreltin.

## 82. Yumurta likörü kreması

**içindekiler**

- 2 yumurta sarısı
- 50 gram şeker
- 20 gr mısır nişastası
- 100 ml süt (1)
- 150 ml süt ((2))
- 1 vanilya çubuğu
- 150 ml krema (yağı azaltılmış krem şanti)
- 100 ml yumurta likörü

**hazırlık**

1. Eggnog kreması için mısır, şeker, yumurta sarısı ve sütü bir fırın kabında pürüzsüz bir krema elde edene kadar karıştırın.
2. Sütü ve uzunlamasına dilimlenmiş vanilya çubuğunu bir tencereye alıp çekirdeklerini çıkararak 10 dakika demlenmeye bırakın. Ardından vanilya çubuğunu çıkarın.
3. Vanilyalı sütü tekrar kaynatın ve sürekli karıştırarak buzun üzerine dökün. Her şeyi tekrar tavaya koyun ve krema kalınlaşmaya başlayana kadar karıştırarak ısıtın. Hemen uygun bir kaseye bir elek dökün ve kremanın üzerine streç film koyun ki soğuyunca kabuk kalmasın. En az 120 dakika soğumaya bırakın.
4. Servis yapmadan hemen önce, yağı azaltılmış krem şantiyi sertleşene kadar çırpın. Yumurta likörü kremaya karıştırın, ardından çırpılmış kremayı karıştırın. Yumurta likörü kremasını tatlı kaselerine doldurun ve üzerine bir parça krema ya da muhtemelen rendelenmiş meyve şekerleri serpin.

## 83. Portakallı mavi üzüm parfe ve üzüm Salatası

**içindekiler**

*Mükemmel:*

- 500 gr aromatik mavi üzüm
- 75 gram şeker; üzümlerin tatlılığına göre
- 100 ml portakal suyu (taze sıkılmış)
- 100 gr şeker
- 4 yumurta sarısı
- 500 ml krem şanti

*Meyve salatası:*

- 200 gr üzüm
- 200 gr üzüm
- 2 portakal; fileto

- 2 yemek kaşığı portakal likörü
- 4 yemek kaşığı badem (pul) hazırlanışı

1. Parfe için üzüm, şeker ve portakal suyunu bir tencereye koyun. Üzümler patlayana kadar karıştırarak ısıtın. Üzümleri mümkün olduğunca ezin. Her şeyi bir elek ile yayın, suyu toplayın ve soğumaya bırakın.
2. Sarıları şeker ve 50 ml üzüm suyu ile sıcak su banyosunda koyulaşıp krema kıvamına gelene kadar çırpın, ardından soğuk suda çırpın. Üzüm suyunun geri kalanını karıştırın. Çırpılmış kremayı sertleşene kadar çırpın ve karıştırın. Her şeyi ağzı kapalı plastik bir kavanoza koyun ve bir gece dondurun.
3. Meyve salatası için üzümleri yıkayın, ikiye bölün ve çekirdeklerini çıkarın. Ardından, suyu toplayarak portakalları fileto haline getirin. Suyu portakal likörü ile karıştırın ve yarım üzümü ve portakal filetosunu kısaca marine edin.
4. Servis yapmak için, üzüm parfe toplarını bir tabağa koyun, yanına biraz üzüm ve portakal salatası. Marulu kızarmış badem pulları ile serpin.

## 84. Cevizli peynirli terrine

**içindekiler**

- 100 gr ceviz (doğranmış)
- 200 gr mascarpone
- 2 yumurta
- 2 yumurta sarısı
- 30 ml kalvado
- 50 gr havuç
- 2 armut
- 20 gr şeker
- 20 ml kiraz hazırlanışı

1. Cevizleri mascarpone, yumurta, yumurta sarısı ve calvados ile karıştırın ve fırına dayanıklı bir kaba koyun. Daha sonra 200°C fırında yarım saat kadar pişirin. Meyve salatası için havuç ve

armutları soyun ve rendeleyin. Sonra şeker ve vişne ile karıştırın. Son olarak peynirli terrine dilimleyin ve salatayla birlikte masaya getirin.

### 85. Broker salatası

**içindekiler**

- 2 yemek kaşığı bal
- 8 nane (yaprak)
- 1/2 paket çam fıstığı
- toz şeker
- 2 limon (suyu) hazırlanışı

1. Muşmula salatası için, muşmulaları soyun ve çekirdeklerini çıkarın, küçük parçalar halinde kesin ve biraz bal ve limon suyu ile tatlandırın. Çam fıstığının yarısını karıştırın.

2. Daha sonra tatlı bardağına koyun. En üste kalan çam fıstıklarını serpin, pudra şekeri serpin ve muşmula salatasını nane yapraklarıyla süsleyin.

## 86. Fransız pansuman

içindekiler

- 0,5 demet frenk soğanı
- 0,5 demet tarhun
- 2 kereviz yaprağı (taze)
- 2 dal maydanoz
- 1 çay kaşığı tuz
- 0.5 çay kaşığı kereviz tuzu
- 1 yumurta (sert haşlanmış)
- 4 yemek kaşığı sıvı yağ
- 1 çay kaşığı hardal (sıcak)

- 6 yemek kaşığı sirke
- 1 yığın kuark parçası
- 2 yemek kaşığı mayonez
- 4 yemek kaşığı krem şanti (taze)

**hazırlık**

1. Soğuduktan sonra otları durulayın, kabaca soyun ve saplarını çıkarın. Yaprakları tuz ve kereviz tuzu ile püre haline getirin (veya 1/2 çay kaşığı kuru frenk soğanı ve tarhun) ve bir tutam kuru lavanta ile taze maydanoz, tuz ve 1 damla su ile püre haline getirin ve 2 saat bekletin).
2. Yumurtayı kabuğundan çıkarın ve sarısını bir ot püresi haline getirin. Kalan malzemeleri ekleyin. Her şeyi çırpma teli ile pürüzsüz ama kremsi olmayana kadar çırpın. Yumurta beyazını küçük parçalar halinde kesin ve en sonunda karıştırın.
3. 1-2 yemek kaşığı karıştırabilirsiniz.

İsterseniz Amerikan tarzı ketçap.

4. Sos et salataları, sosisli salatalar, domates, karnabahar, kuşkonmaz, enginar kalbi gibi soğuk sebzeler, haşlanmış jambon ve haşlanmış yumurta için uygundur.

5. Kereviz salatası, pişmiş, kereviz, avokado, hindiba, sos, meyve salataları, soğuk etler, dil, sosis

87. Meyveli ringa salatası

**içindekiler**

- 8 adet ringa balığı filetosu (çift, hafif salamura)
- 2 portakal
- 1 bilgisayar. mango (olgun)
- Marine için:
- 1 demet dereotu
- 1 portakal

- 1 tutam şeker
- biber
- tuz
- 2 yemek kaşığı krem şanti
- 150 gr krem şanti
- 100 ml krem şanti (sertleşene kadar çırpılmış)

hazırlanışı

1. Ringa filetolarını 2-3 cm uzunluğunda parçalar halinde kesin.
2. İki portakalı soyun ve dörde bölün ve kalın dilimler halinde kesin. Mangoyu soyun ve eti taştan ayırın. Garnitür için biraz meyve ayırın. Kalan meyve parçalarını ringa balığı parçalarıyla karıştırın.
3. İlk olarak, marine sosu garnitür için yaklaşık 2 yemek kaşığı alarak dereotu bayraklarını koparır. Portakalı sıkın. Portakal suyunu şeker, karabiber, tuz, yaban turpu ve taze krema ile karıştırın. Çırpılmış kremayı karıştırın ve son olarak dereotu ile karıştırın.
4. Meyve ve balık karışımını marine ile karıştırın ve demlenmesine izin verin. Servis yapmadan önce ringa salatasını meyvenin geri kalanı ve dereotu bayraklarıyla süsleyin.

## 88. Fasulye soslu dondurma ve meyve salatası

**içindekiler**

- 8 avuç yumurta akı (veya kırılmış buz)
- Fasulye ezmesi (kırmızı)
- 250 ml şeker şurubu
- 3 yemek kaşığı amaretto kirazı (süslemek için)
  Meyve salatası için:
- Meyve (örneğin şeftali, çilek, dilediğiniz gibi)
- Limon suyu
- Şeker**hazırlık**

1. Fasulye soslu dondurma ve meyve salatası için fasulye ezmesini şeker şurubu ile karıştırın. İlk önce, bir şarap bardağına biraz buz karı

dökün. Ardından üzerine küçük bir kaşık fasulye ezmesi ve bir yemek kaşığı meyve salatası koyun.

Amaretto kirazları ile süsleyin ve servis yapın.

## 89. Meyve Salatası Üzerine Çilekli Pilav

**2 porsiyon için malzemeler**

- 500 gr taze meyve (arzuya göre)
- 0,5 su bardağı krem şanti
- 3 top Mövenpick çileği
- 5 damla limon suyu hazırlanışı

1. Meyveleri yıkayın, soyun ve dilimleyin, bir tabağa koyun ve limon suyuyla çiseleyin.
2. Çilekli dondurmayı meyve salatasının üzerine koyun.

3. Çırpılmış krema ve dondurma külahları ile süsleyin.

## 90. Avokado ve yoğurtlu meyve salatası

**içindekiler**

- 1 elma
- 1 avokado
- 1/2 mango
- 40 gr çilek
- 1/2 limon
- 1 yemek kaşığı bal
- 125 gr doğal yoğurt
- 2-3 yemek kaşığı badem dilimleri

**hazırlık**

1. Avokadolu ve yoğurtlu meyve salatası için öncelikle elmayı yıkayıp çekirdeklerini ve küplerini çıkarın. Ardından, avokado ve mangoyu çekirdekten çıkarın ve küpler halinde kesin. Çilekleri yıkayın ve ortadan ikiye kesin. Son olarak limonu keserek açın ve suyunu yarısından çıkarın.
2. Doğal yoğurt ve balı iyice karıştırın. Kesilmiş malzemeleri daha büyük bir kaseye dökün ve bal ve yoğurt karışımını ekleyin. Avokado ve yoğurtlu meyve salatası üzerine badem serpip servis yapın.

## 91. basit meyve salatası

**içindekiler**

- 1/2 doğranmış papaya
- 1/2 doğranmış kavun
- 1 büyük doğranmış elma
- 2 muz
- 3 portakal suyu hazırlanışı

1. Tüm meyveleri güzelce yıkayın. Şüpheniz varsa, meyve ve sebzeleri uygun şekilde dezenfekte etme hakkındaki makalemizi okuyun.
2. Papaya kabuğunu ve çekirdeklerini çıkarın.
3. Kareler halinde kesin.

4. Kavunun kabuğunu ve çekirdeklerini çıkarın.
5. Kareler halinde kesin.
6. Muzları ikiye bölün ve ardından kareler halinde kesin.
7. Suyu çıkarmak için portakalları sıkın, çekirdeklerini çıkarmak için süzün ve bir kenara koyun.
8. Elmayı kesin ve sadece çekirdeği çıkarın. Kaseyi saklayın.
9. Muz hariç tüm meyveleri geniş bir kapta yavaşça karıştırın.
10. Karışımı portakal suyuyla gezdirin.
11. Buzdolabını yaklaşık 30 dakika çıkarın.
12. Muzları servis yapmadan hemen önce ekleyin.

## 92. geleneksel meyve salatası

**içindekiler**

- 2 adet çilek kutusu
- Kabuksuz veya çekirdeksiz 1 dilimlenmiş papaya
- 5 dilimlenmiş portakal
- 4 elma
- 1 ananas
- 5 doğranmış muz
- 3 kutu yoğunlaştırılmış süt (laktozsuz olabilir)
- 3 krem (laktozsuz olabilir)

**hazırlık**

1. Meyveleri güzelce yıkayın.
2. Tüm baklaları ve tohumları çıkarın.
3. Ananası dilimleyin ve ardından küpler halinde kesin.
4. Elmaları kareler halinde kesin.
5. Muzları biraz daha kalın dilimler halinde kesin ve bir kenara koyun.
6. Soyulmuş papaya ve tohumları dilimler halinde kesin.
7. Tüm meyveleri büyük bir kaseye koyun.
8. Yoğunlaştırılmış süt ve kremayı ekleyin ve meyvenin kırılmaması için hafifçe karıştırın.
9. 1 saat soğutun.
10. Soğutulmuş olarak servis yapın!

## 93. kremalı meyve salatası

**içindekiler**

- 4 elma
- 4 kivi
- 3 gümüş muz
- 1 büyük papaya
- 1 çilek kutusu
- şurup içinde 1 kutu şeftali
- 1 kutu ekşi krema
- 1 kutu yoğunlaştırılmış süt hazırlığı

1. Tüm meyveleri yıkayın.
2. Elma, kivi, papaya ve çilek yapraklarının çekirdeklerini ve çekirdeklerini çıkarın.
3. Tüm meyveleri kareler halinde kesin.

4. Meyveleri bir kasede yavaşça karıştırın.
5. Krema ve yoğunlaştırılmış sütü elektrikli bir mikser veya bir musluk yardımıyla krema kıvamına gelene kadar çırpın.
6. Çırpılmış hamuru meyvelere ekleyin ve biraz daha karıştırın.
7. Şeftali de ince doğranmış şurup ekleyin. Salataya lezzet katmak ve nemlendirmek için biraz şurubun tadını çıkarın.
8. Kalan kremayı ve yoğunlaştırılmış süt hamurunu bitmiş karışımın üzerine dökün.
9. Serin bir yere koyun ve yaklaşık 1 saat dinlendirin.
10. Soğuk servis yapın!

## 94. Yoğunlaştırılmış sütlü meyve salatası

**içindekiler**

- 5 elma
- 5 muz
- 3 portakal
- 15 adet çekirdeksiz üzüm
- 1 papaya
- 1/2 kavun

- 4 guava
- 4 armut
- 6 çilek
- 1 kutu yoğunlaştırılmış süt hazırlığı

1. Meyveleri güzelce yıkayın.
2. Rezervasyonlar.
3. Tohumları ve baklaları, sapları ve yaprakları çıkarın.
4. Bir kasede, tüm meyveleri kareler halinde kesin.
5. Her şey eşit şekilde karışana kadar hafifçe karıştırın.
6. Yoğunlaştırılmış sütü ekleyin ve yaklaşık 1 saat soğutun.
7. soğutulmuş veya oda sıcaklığında servis yapın.

## 95. Ekşi kremalı meyve salatası

içindekiler

- 3 muz
- 4 elma
- 1 küçük papaya
- 2 portakal
- 10 çilek
- 15 adet dilediğiniz üzüm
- 1 kutu krema (laktozsuz olabilir)
- 1/2 su bardağı şeker (isteğe bağlı)
- Ek ipucu: İsterseniz biraz bal ile

tatlandırabilirsiniz. hazırlık

1. Meyveleri güzelce yıkayın.
2. Kabukları ve tohumları çıkarın.

3. Küçük parçalar halinde, tercihen kareler halinde kesin.
4. Meyveleri bir kaseye koyun.
5. Tüm meyveleri küçük küçük doğrayın ve bir kaseye alın.
6. Ağır kremayı (istenirse şekerli) bir karıştırıcıda yaklaşık 1 dakika çırpın.
7. Çırpılmış kremayı meyvelerle birlikte kaseye dökün ve her şey iyice karışana kadar hafifçe karıştırın.
8. Serin bir yere alıp soğuk servis yapın.

## 96. Eşleşen meyve salatası

**içindekiler**

- 1 su bardağı böğürtlen
- 4 küçük portakal
- 1 bardak çilek çayı
- 1/2 bardak dilediğiniz üzüm çayı
- 1 çay kaşığı bal
- 2 yemek kaşığı doğal portakal suyu;
- 1/4 kase Yunan yoğurdu

**hazırlık**

1. Tüm meyveleri dezenfekte edin.
2. Kabuğu ve tohumları çıkarın (üzüm hariç).
3. Tüm meyveleri ve Yunan yoğurdu bir kaseye koyun.
4. Her şey karışana kadar hafifçe karıştırın.
5. Meyve salatasının üzerine bal dökün ve soğutun.
6. Çıkarın ve servis yapın!

## 97. Gurme meyve salatası

**içindekiler**

- 1/2 papaya
- 1/2 bardak çilek çayı
- 1 portakal
- 1 elma
- Tadımlık bal

*Sosu için:*

- 2 yemek kaşığı portakal suyu
- 1/2 kap sade tam öğün yoğurt (laktozsuz olabilir)
- 4 doğranmış nane yaprağı

**hazırlık**

1. Tüm meyveleri dezenfekte ettikten sonra kabuklarını, çekirdeklerini ve yapraklarını çıkarın.
2. Küçük kareler halinde kesin ve büyük bir kaseye koyun.
3. Başka bir kapta yoğurt, portakal suyu ve nane yapraklarını birleştirin.
4. Sosu meyve kasesine dökün, hafifçe karıştırın.
5. Meyve salatasını küçük kaselere bölün ve soğutun.
6. Süslemek için nane yaprakları ve bal ile servis yapın.

## 98. Yoğurt soslu meyve salatası

**içindekiler**

- 500 gr çilek
- 2 yemek kaşığı şeker
- 0,5 charantais veya ballı kavun
- 200 gr erik, örneğin mavi ve sarı
- 4 yemek kaşığı limon suyu (veya limon suyu)
- 1 su bardağı (236 ml) dilimlenmiş ananas
- 150 gr kremalı yoğurt
- 1 paket vanilya şekeri
- Mümkünse biraz taze nane

**hazırlık**

1. Çilekleri yıkayıp temizleyin ve büyüklüklerine göre ikiye veya dörde bölün. Bir fırın kabına şeker serpin. Örtün ve yaklaşık 15 dakika çizin.
2. Kavunu çekirdekleyin ve kamalara kesin. Eti deriden kesin. Erikleri durulayın ve taştan takozlar halinde kesin. Kireç veya limon suyu ile gezdirin. Hazırlanan malzemeleri karıştırın.
3. Ananas sosu için 1 dilim hariç küpler halinde kesin ve suyuyla birlikte ezin. Yoğurt ve vanilya şekerini katın. Meyve salatası formunda.
4. Ananasın geri kalanını küpler halinde kesin. İsterseniz naneyi doğrayın. Her ikisini de marulun üzerine serpin.

99. Vanilya yoğurt soslu meyve salatası

**içindekiler**

Meyve:

- 2 elma
- 1 muz•1/2 limon suyu
- 2 portakal sosu:

- 1 yumurta beyazı
- 2 yemek kaşığı şeker
- 1 vanilya çubuğu
- 75 gr yoğurt
- 1 yumurta sarısı
- 100 gr krem şanti hazırlanışı

1. Elmaları dilimler halinde kesin, muzu dilimleyin ve üzerine limon suyu gezdirin. Portakalları parçalara ayırın. Meyveleri dört tabağa eşit olarak dağıtın.

2. Yumurta beyazını sertleşene kadar çırpın, sos için şeker serpin. Vanilya kabuğu. Kazın, yoğurt ve yumurta sarısı ile karıştırın. Çırpılmış kremayı sertleşene kadar çırpın, yumurta akı ile birlikte katlayın. Meyve formuna.

## 100. Hızlı meyve salatası

**içindekiler**

- 1 elma (orta)
- 1 muz
- 1 avuç üzüm
- bazı çilekler
- biraz kiraz (çekirdeksiz)
- 1 kutu meyve kokteyli
- Limon
- Şeker kamışı (gerekirse) hazırlama

1. Hızlı meyve salatası için gerekirse meyveyi yıkayın, kesin ve çekirdeklerini çıkarın.

Muzları kararmalarını önlemek için limon suyuyla çiseleyin.

2. Her şeyi meyve kokteyli ile bir kaseye koyun ve şeker kamışı ve vanilya şekeri ile tatlandırın.

# ÇÖZÜM

Kanser ve kalp hastalıklarını önlemek için herhangi bir diyete meyve salataları dahil edilmelidir. Sonuç olarak, insanlar egzersiz yapmak için daha fazla enerjiye sahip olacak ve kan dolaşımındaki sodyum ve kolesterol miktarını azaltmak için çalışacaklardır. Meyve salataları, atıştırmalık veya öğün yerine yenebilecek sağlıklı bir öğündür ve herkesin diyetine dahil edilmelidir.

www.ingramcontent.com/pod-product-compliance
Lightning Source LLC
Chambersburg PA
CBHW050415120526
44590CB00015B/1974